재밌어서 밤새 읽는
한국사 이야기 2

재밌어서 밤새 읽는
한국사 이야기 2

남북국 시대에서 고려 시대까지

박은화(재밌는이야기역사모임) 지음

더숲

　고구려·백제·신라는 각기 다른 건국 과정과 통치 체제를 갖고 있었으나, 같은 민족이라는 의식을 갖고 통일을 이루려 노력했다. 결국 신라에 의해 삼국이 통일되었고 이때부터 우리 민족은 이전과는 다른 형태로 변화하게 되었다. 전쟁의 위험이 줄어든 상황에서 삼국의 정치와 문화가 결합하면서 비약적으로 발전한 것이다. 통일된 신라의 북쪽에는 고구려 유민들이 발해를 세워 고구려의 전통을 이어 갔고 신라와 발해는 서로 교류하며 성장했다. 이 시대를 '남북국 시대'라고 부른다.

　신라와 발해의 뒤를 이어 건국된 고려는 후삼국의 혼란을 정리하고 발해 유민까지 흡수한 우리 민족 최초의 통일 왕조다. 고려는 왕도 정치의 개념을 받아들이고 과거를 실시하며 유교 정치의 기틀을 마련했다. 중국의 선진 문물을 받아들이면서도 우리 민족 고유의 통치 방식과 특징을 살려 불교와 유교가 융합된 새로운 정치 문화를 만들어 냈다. 이 과정에서 여러 이민족의 침략을 겪으며 위기를 맞기도 했지만, 고려는 단합된 민족의 힘을 보여 주며 성장해 갔다. 이런 고려의 모습은 다른 나라에도 알려지며 '고려(KOREA)'라는 이름으로 소개되었고, 이 명칭이 오늘날 우리나라의 영어식 표기가 되었다.

이처럼 남북국 시대와 고려 시대를 거치며 우리 민족은 '한민족다움'에 성큼 다가섰다. 우리 민족만의 불교문화가 이 시대에 꽃피었으며 이후 조선으로 이어질 유교 문화의 기틀이 이 시대에 뿌리내리기 시작했다. 또한 이민족과의 전쟁을 겪으며 '한민족'이라는 민족의식이 형성되고 민족의 뿌리를 찾는 과정에서 단군 왕검에 대한 연구도 이루어졌다. 고조선을 비롯한 초기의 여러 나라와 고구려·백제·신라의 삼국이 우리나라의 뿌리라면, 남북국 시대와 고려 시대는 우리나라 역사의 굵은 줄기라 할 수 있다.

《재밌어서 밤새 읽는 한국사 이야기 2》에서는 바로 이 줄기 부분의 이야기가 펼쳐진다. 남북국 시대부터 고려까지 우리 민족 고유의 특징이 만들어지고 성장하는 과정을 통해 그간 막연하게만 알고 있던 우리 민족의 발전과 문화 발달을 이해할 수 있을 것이다. 또한 지금까지 전해지고 있는 자랑스러운 문화유산인 불국사, 석굴암, 팔만대장경 등이 어떻게 탄생했는지도 알게 될 것이다.

차례

한국사와 세계사를 한눈에 읽는 연표

동양사	한국사(삼국 통일~고려 멸망)	서양사

한국사(삼국 통일~고려 멸망)
- 660 백제 멸망
- 663 백강 전투
- 668 고구려 멸망
- 676 신라, 삼국 통일
- 698 발해 건국

동양사
- 701 일본, 다이호 율령
- 710 일본, 나라 시대(~794)
  헤이조쿄로 천도

서양사
- 726 성상 파괴령

- 727 혜초, 《왕오천축국전》 저술

- 732 카롤루스 마르텔, 이슬람군 격파

- 750 아바스 왕조 성립
- 751 탈라스 전투
- 755 중국, 안사의 난(~763)

- 751 〈무구 정광 대다라니경〉 봉안

- 751 피핀, 카롤루스 왕조 수립(~1258)

- 768 카롤루스 대제, 프랑크 왕국 왕 즉위

- 774 석굴암 본존불 건립
- 788 신라, 독서삼품과 실시

- 794 일본, 헤이안 시대(~1185)
  헤이안쿄로 천도

- 800 카롤루스 대제, 서로마 황제 대관

- 828 장보고, 청해진 설치(~851)

- 843 베르됭 조약 체결
- 870 메르센 조약 체결

- 875 중국, 황소의 난(~884)

- 880 바이킹, 유럽 침입 전성기(~911)

- 900 견훤, 후백제 건국
- 901 궁예, 후고구려 건국

- 907 중국, 당나라 멸망
  5대 10국 시대 시작(~960)

- 911 노르망디 공국 수립

- 916 거란, 요나라 건국

- 918 왕건, 고려 건국
- 926 발해 멸망
- 935 신라 멸망
- 936 후백제 멸망, 고려의 후삼국 통일
- 958 과거제 실시

동양사	한국사(삼국 통일~고려 멸망)	서양사
960 중국, 송나라 건국		
		962 신성 로마 제국 건국(~1806)
	982 최승로, 시무 28조	
	993 거란 제1차 침입	
	1009 강조의 정변	
	1010 거란 제2차 침입	
	1019 거란 제3차 침입(귀주 대첩)	
	1033 천리장성 축조(~1044)	
		1037 셀주크 제국 건국(~1157)
		1054 크리스트교, 동서(가톨릭과 정교회)로 분열
		1066 잉글랜드, 노르만 왕조 성립
		1077 카노사의 굴욕
		1096 십자군 전쟁(~1270)
	1107 윤관, 동북 9성 설치	
1115 여진, 금나라 건국		
1125 요나라, 금나라에 멸망		
	1126 이자겸의 난	
1127 중국, 남송 성립		
	1135 묘청의 서경 천도 운동	
	1145 김부식, 《삼국사기》 편찬	
	1170 무신 정변, 무신 정권(~1270)	
	1176 망이·망소이의 난	
1185 일본, 가마쿠라 막부 성립(~1333)		
	1198 만적의 난	
		1204 제4차 십자군 전쟁, 콘스탄티노플 함락
1206 칭기즈 칸, 몽골 통일		
		1215 영국, 대헌장 제정
	1218 강동성 전투	
	1231 몽골 침입(~1270)	
1234 몽골, 금나라 정복		
	1236 팔만대장경 제작(~1251)	
	1270 개경 환도, 삼별초의 난	
1271 몽골, 원나라 성립		1271 마르코 폴로, 동방 여행(~1295)
	1274 / 1281 여·몽 연합군, 일본 침입	

동양사	한국사(삼국 통일~고려 멸망)	서양사
1279 중국, 남송 멸망 원나라, 중국 통일		
	1281 일연, 《삼국유사》 편찬	
1299 오스만 제국 건국(~1922)		
		1302 프랑스, 삼부회 성립
		1309 교황, 프랑스 아비뇽에 유폐(아비 뇽 유수)
1325 이븐 바투타의 세계 일주		
1336 일본, 남북조 분열 무로마치 막부 성립(~1573)		
		1337 영국·프랑스, 백 년 전쟁(~1453)
		1347 흑사병 절정기(~1350)
1351 중국, 홍건적의 난		
	1356 쌍성총관부 수복	
1368 중국, 명나라 건국		
		1381 영국, 와트 타일러의 난
	1388 위화도 회군	
	1392 고려 멸망, 조선 건국	

제1장

통일 신라와 발해,
남북국 시대를 열다

문무왕은 왜 무덤을
바다에 만들었을까?

우리나라의 문화유산 중에는 역대 왕들의 무덤이 상당수 있고 그 수준 또한 뛰어나다. 왕릉 대부분은 조선의 수도였던 서울과 신라의 수도였던 경주에 남아 있는데, 그중에서 가장 독특한 것은 바다에 위치한 문무왕 무덤이다. 왜 문무왕 무덤은 바다에 있을까?

삼국 통일을 완성한 문무왕

신라는 기원전 57년에 세워져서 935년까지 약 1천 년간 지속된 나라로, 보통 신라 역사를 이야기할 때 3단계로 구분한다. 제1대 박혁거세부터 제28대 진덕 여왕까지를 신라 상대(기원전

경주에 있는 태종 무열왕릉비. 귀부(거북 모양의 비석 받침돌) 위에 이수(뿔 없는 용을 새긴 비석 머리)
를 얹은 형태로 되어 있고 비문을 적은 비신은 남아 있지 않다. 귀부의 거북이가 목을 쳐들고 발을
뻗은 모습이 앞으로 나아가는 듯하여 힘찬 기상을 엿볼 수 있다(그림 1).

57~654년), 제29대 무열왕부터 제36대 혜공왕까지를 신라 중대

(654~780년), 제37대 선덕왕부터 마지막 왕인 제56대 경순왕까

지를 신라 하대(780~935년)라고 한다.

　신라는 이 중 신라 중대에 전성기를 맞았는데 그 시작을 알린

왕이 무열왕이다. 무열왕 때부터 신라는 본격적으로 삼국 통일을

준비해 나갔다. 무열왕은 왕권과 군사력을 강화하여 전쟁에서 이

길 수 있는 힘을 키우고 당나라와의 외교에서 성과를 올려 백제 및 고구려와의 전쟁에서 신라가 당나라의 도움을 받을 수 있는 바탕을 마련했다. 그 결과 660년 백제를 멸망시키고 삼국 통일의 첫발을 내디뎠다.

이런 무열왕의 뒤를 이어 왕위에 오른 사람이 문무왕이다. 무열왕이 삼국 통일의 기반을 닦았다면 문무왕은 실질적으로 삼국 통일을 이룬 왕이다. 철옹성 같던 고구려를 668년에 멸망시킨 데 이어 신라를 배신하고 한반도를 차지하려고 한 당나라 군대를 완전히 몰아내며 676년 삼국 통일을 완수했다.

하지만 이로써 신라의 전쟁과 불안이 완전히 끝난 것은 아니었다. 당나라를 몰아내고 실질적으로 삼국 통일을 이룬 후에도 백제와 고구려 유민들이 망한 나라를 다시 세워 보겠다며 부흥 운동을 펼쳤기에 여전히 나라는 불안정한 상태였다.

전 세계에서 유일한 해상 무덤

문무왕은 여러 이유로 집권하는 동안 단 하루도 마음 편히 잠든 날이 없었다. 전쟁 중에 아버지 무열왕으로부터 왕위를 물려받은 문무왕은 무려 16년이나 전쟁을 해야 했고, 전쟁이 끝난 뒤에는 고구려와 백제 사람들을 포용하고 백성들의 고단한 마음을 달래 주는 데 힘을 쏟아야 했다.

그런데 문무왕을 힘들게 한 것이 또 있었으니 바로 왜구다. 일본인 해적인 왜구는 우리나라 연안에 빈번하게 출몰하여 해안가 주민이나 상인의 물건을 약탈하는 것은 물론, 마을에 불을 지르고 사람 해치기를 일삼았다. 왜구는 일본에도 피해를 주었기 때문에 일본 왕실은 왜구를 소탕하기 위해 애썼지만 번번이 실패했다.

신라의 수도 금성(지금의 경주)은 일본에서 가까운 동해안에 인접해 있어 왜구로 인한 피해를 고스란히 당해야 했다. 삼국 통일의 대업을 이룬 문무왕이지만 왜구를 막아 내지 못한다면 많은 백성의 원망을 들어야 하는 상황에 놓인 것이다. 이에 문무왕은 왜구 소탕을 위해 온갖 노력을 기울였다.

그러나 해양 무기가 발달하지 않은 당시에 왜구를 완전히 소탕하기란 쉬운 일이 아니었다. 게다가 오랜 전쟁으로 신라도 지쳐 있었기 때문에 신라의 입장에서 또다시 왜구와의 전쟁에 매달리는 것은 무척이나 어려운 일이었다. 결국 왜구를 깨끗하게 소탕하지 못한 문무왕은 죽는 순간까지 그 점이 마음에 걸렸다. 이에 문무왕은 죽어서라도 동해의 용이 되어 왜구의 침입을 막겠다는 유언을 남기며 자신의 무덤을 동해안에 만들라고 명했다.

문무왕이 이토록 왜구 소탕에 신경을 쓴 것은 왕권과도 깊은 연관이 있다. 문무왕은 삼국 통일을 이루며 나라 안팎으로 신라의 힘을 과시했으나, 사실 왕권은 불안한 측면이 많았다. 문무왕의 아버지 무열왕은 신라 왕족의 순수 혈통이 아니었다. 신라에서는 원래 순수 왕족 혈통인 성골만이 왕이 될 수 있지만 성골 출신의 대가 끊기자 어쩔 수 없이 진골 출신에게 왕위를 물려주기로 했고, 그 첫 번째 인물이 무열왕이다. 무열왕이 왕위에 오르기는 했어도 신라에는 수많은 진골이 있어서 누구나 왕위를 노릴 수 있었다. 이 말은 곧 왕권에 흠이 보이는 순간 왕이 바로 교

대왕암으로도 불리는 문무대왕릉. 용이 되어 나라를 지키겠다는 문무왕의 유언에 따라 수중릉으로 만들었다. 사방으로 물이 들고나게 물길이 마련되어 있다. 신문왕은 문무대왕릉이 바라다보이는 감은사 동쪽 언덕을 자주 찾았다고 한다(그림 2).

체될 수 있다는 뜻이다.

이 사실을 잘 알고 있는 문무왕으로서는 왜구를 소탕하지 못한 것이 못내 마음에 걸려 죽은 다음에라도 왜구 문제만은 꼭 해결하겠다는 의지를 담아 유언을 남긴 것이라고 할 수 있다. 문무왕의 유골은 유언대로 바닷가 바위인 대왕암에 뿌려져 전 세계 어디에도 없는 해상 무덤이 탄생했다.

문무왕은 죽는 순간까지 신라를 생각하고 아들을 걱정했다. 문무왕이 정말 동해의 용이 되었는지는 알 수 없으나 문무왕이 죽은 후 왜구의 침략은 줄어들었고, 그 아들인 신문왕 때에는 왕권이 강화되었으니 문무왕의 유언이 헛된 것만은 아니었다. 지금도 경주 앞바다에 가면 대왕암을 볼 수 있다. 문무왕은 오래전에 죽었지만 그 영향력은 아직까지 이어져 온다고 할 수 있다.

아버지 문무왕의 은혜를 기리는 감은사

경주 시내에서 대왕암이 있는 바다로 가는 길 한편에 커다란 석탑 두 개가 서 있다. 바로 국보 제112호인 감은사지 동서 3층 석탑이다. 감은사지 3층 석탑은 동쪽과 서쪽에 크기와 모양이 똑같은 쌍둥이 탑으로 이루어져 있다. 이 두 탑은 현재 우리나라에 남아 있는 3층 석탑 가운데 가장 큰 것으로 높이는 13.4미터에 이른다.

현재는 이 두 탑만 남아 있지만 두 탑이 서 있는 자리에는 원래 감은사라는 절이 있었다. 감은사란 '은혜를 갚기 위해 만든 절'이라는 뜻으로, 동해의 용이 되어 왜구의 침략을 막아 준 아버지 문무왕의 은혜를 갚기 위해 아들인 신문왕이 만든 절이다.

기록에 따르면 감은사 내부 금당 아래에는 용이 된 문무왕이 마음대로 바다에 드나들 수 있도록 바다와 연결된 길이 있었다고 한다. 지금은 절이 사라지고 없어 사실 여부를 확인할 길이 없다.

만파식적은
정말 있었을까?

어려운 일이 생겨 그 일을 해결할 방법이 떠오르지 않을 때, 사람들은 마법이 있으면 얼마나 좋을까 하고 생각한다. 신라 시대에는 이런 마법 같은 일이 실제로 있었다고 기록되어 있는데, 바로 만파식적에 관한 이야기다.

세상을 평안하게 하는 피리 만파식적

문무왕에 이어 왕위에 오른 사람은 신라 제31대 신문왕이다. 신문왕은 바다의 용이 되어 나라를 지켜 주는 아버지 문무왕의 은혜에 감사드린다는 뜻에서 감은사를 지었다. 감은사에서는 동해 바다가 정면으로 보이고 문무왕의 무덤을 볼 수 있어 신문왕은 시간 날 때마다 그곳을 찾았다고 한다.

그러던 어느 날 동해 가운데 떠 있는 작은 산 하나가 감은사 쪽으로 떠내려오고 있다는 소식을 들은 신문왕은 신하들에게 그 산을 살피게 했다. 거북이 머리 모양의 그 산에 있는 대나무는 신기하게도 낮에는 둘이었다가 밤에는 하나가 되었다.

이에 신문왕은 대나무를 베어서 피리를 만들게 했는데, 이 피리를 불면 신기한 일들이 벌어졌다. 전쟁 중에 피리를 불면 적군이 물러나고 병든 병사들은 씻은 듯이 나았다. 가뭄 중에 피리를 불면 비가 오고, 장마 중에 피리를 불면 비가 그쳤다. 세찬 바람이 불다가도 피리 소리가 들리면 금세 멈추고 물결이 잔잔해졌다. 그래서 이 피리에 '세상의 파란을 없애고 평안하게 하는 피리'라는 뜻을 가진 만파식적이라는 이름을 붙이고 나라의 보배로 삼았다.

왕의 장인이 일으킨 반란

신문왕 즉위 초기에 신라 정치는 불안한 면이 많았다. 그 모습을 잘 보여 주는 사건이 김흠돌의 난이다. 김흠돌은 귀족으로 문무왕 집권 당시 고구려와의 전쟁에서 공을 세워 신라에서 세 번째로 높은 관직인 소판(잡찬)에 오른 인물이다. 또한 어떤 기록에는 김흠돌이 김유신의 조카이자 사위라고 쓰여 있는 것으로 보아 권력의 핵심에 있던 사람이 분명하다.

문무왕은 김흠돌의 딸을 태자(이후 신문왕이 된다)의 부인으로 삼았다. 이후 문무왕이 죽고 신문왕이 왕위에 오르자 김흠돌은 자연스럽게 왕의 장인이 되어 그 힘은 더욱 막강해졌다. 바로 그 김흠돌이 반란을 일으킨 것이다. 김흠돌은 왜 반란을 일으켰을까? 구체적인 기록이 없어 정확한 원인은 알 수 없지만 몇 가지 추측이 가능하다.

첫째, 신문왕과 김흠돌 딸 사이의 불화다. 신문왕은 김흠돌의 딸을 좋아하지 않아 둘 사이에는 아이가 없었다고 한다. 예전에는 왕과 결혼한 여자가 아이를 낳지 못하는 것은 큰 허물이 되었으므로 아이가 없다는 이유로 딸이 궁에서 쫓겨날지도 모른다는 불안감에 김흠돌이 반란을 일으켰을 것이라고 추측할 수 있다.

둘째, 정치 세력 간 갈등이다. 신문왕의 아버지 문무왕 때부터 왕권 강화 정책은 꾸준히 전개되었다. 왕권 강화는 나라의 질서를 바로잡고 통합된 정치를 한다는 측면에서 반드시 필요한 과정이었다. 하지만 왕권이 강화되면 상대적으로 귀족의 힘은 약화될 수밖에 없기에 왕권 강화 정책은 귀족들의 반발을 불러왔다. 특히 진골 출신 왕이 왕권 강화 정책을 펼치며 같은 진골 혈통인 귀족의 힘을 약화시키려 하자 귀족들은 반발할 수밖에 없었다.

이 과정에서 발생한 것이 김흠돌의 난이다.

김흠돌의 난에는 신라에서 네 번째로 높은 관직인 파진찬 흥원, 다섯 번째로 높은 관직인 대아찬 진공이 가담했다. 또한 김흠돌의 조카 신공이 화랑도의 대장 풍월주 자리에 있었기에 화랑의 낭도들이 대거 참여했다. 김흠돌의 난은 이렇게 다수의 귀족들이 참여했지만 허무하게 끝나고 말았다. 반란을 준비하는 과정에서 발각되는 바람에 김흠돌과 주요 인물들은 죽임을 당하고 신문왕의 부인인 김흠돌의 딸은 궁에서 쫓겨났다.

반란이 싱겁게 끝난 것을 두고 김흠돌의 난은 실제 반란이 아니라 반대파가 김흠돌을 제거하기 위해 꾸민 것이라고 보는 사람들도 있다. 사실 여부는 정확하게 알 수 없으나 어쨌든 김흠돌의 난이 실패로 끝나고 이후 신라 사회는 급속하게 변화한다.

오히려 강화된 왕권

김흠돌의 난은 신문왕이 즉위한 지 한 달 만에 다른 사람도 아닌 장인이 일으킨 반란이기에 신문왕의 입지는 좁아지고 왕권은 약해질 터였다. 그러나 결과는 정반대였다. 김흠돌의 난이 실패로 돌아가면서 반란에 가담한 귀족들이 죽음을 맞이했고, 대부분이 귀족 자제인 화랑도 역시 이전보다 힘이 약해질 수밖에 없었다. 김흠돌의 난으로 인해 신문왕이 왕권을 강화할 수 있는 유리한 조건이 갖추어진 것이다.

실제로 신문왕은 김흠돌의 난을 계기로 진골 귀족의 힘을 약화시키고 진골 귀족 대신 정치에 참여할 만한 새로운 인물들을 대거 발탁하여 왕권을 강화하는 데 힘썼다. 귀족 대신 정치를 담당할 능력 있는 인재를 뽑기 위해서는 교육이 중요하다고 생각하여 국립 대학인 국학을 세웠으며, 실력을 갖춘 많은 6두품을 정치에 참여하게 했다.

그러자 신문왕의 힘은 이전 왕들보다 훨씬 강해지고 정치는 귀족 중심에서 왕 중심으로 바뀌었다. 바로 이 시기에 신문왕이 만파식적을 갖고 있었다고 전해지는 것이다.

상상의 존재 만파식적이 필요한 까닭

만파식적은 신문왕 이후에도 신라 역사에 몇 차례 더 등장한다. 신문왕의 아들인 제32대 효소왕 때 잃어버렸다가 찾았다는 이야기가 있는가 하면, 제38대 원성왕 때 일본이 만파식적을 노린다는 소문에 훔쳐 가지 못하게 숨겼는데 그 뒤 행방을 알 수 없게 되었다고 한다.

만파식적은 정말 존재했을까? 지금은 사라지고 없으니 진짜 존재했는지는 알 수 없지만 상식적으로 만파식적 같은 피리가 있었다고 보기는 어렵다. 그렇다면 왜 만파식적 이야기가 생겨났을까?

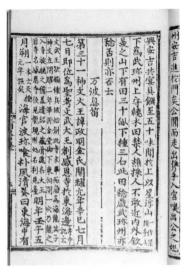

만파식적 설화가 수록되어 있는 《삼국유사》. 《삼국유사》는 고려 후기 일연이 지은 역사책으로 고조선부터 후삼국까지의 전설, 설화, 문학 등 비정치적 이야기가 담겨 있다(그림 3).

만파식적은 모든 어려움을 해결할 수 있는 만능 피리였다. 즉 만파식적만 있으면 전쟁, 가뭄, 홍수, 기근 등 어떤 어려움도 해결할 수 있었다. 그런 피리를 신문왕이 갖고 있었다는 건 무슨 의미일까? 왕권이 그만큼 강했음을 뜻한다.

역사에는 나라를 세우거나 뛰어난 업적을 남긴 사람과 관련하여 태어날 때부터 남달랐다거나 신묘한 능력이 있었다는 기록이 남아 있는 경우가 종종 있다. 그 이야기들이 사실이라기보다는 그 사람의 능력을 돋보이게 하기 위해 꾸며 낸 것들이 대부분인데, 만파식적도 그런 이야기 중 하나라는 것이 오늘날의 일반적인 견해다.

신문왕이 동해로 떠내려온 산에 있는 대나무로 만파식적을 만들어 갖고 있었다는 것은 하늘이 신문왕을 신라의 진정한 통치자로 인정했다는 뜻이 된다. 진골 출신으로는 처음으로 왕위에 오른 무열왕의 손자 신문왕은 신분으로만 보면 사실상 다른 진골 귀족들과 동등한 위치다. 그런 신문왕에게 만파식적이 있다는 것은 신문왕이 여느 진골 귀족과는 다른 특별한 사람임을 하늘이 인정한 징표가 되는 것이다.

더불어 만파식적을 갖고 있었다는 것은 정치를 그만큼 잘했다는 뜻이기도 하다. 신문왕의 정치가 마치 만파식적을 갖고 있는 것처럼 순조롭게 풀렸다고 해석할 수 있다.

만파식적이 사라졌다는 원성왕 때는 정치적으로 매우 혼란스러웠고, 이후에는 귀족들의 다툼으로 왕이 자주 바뀌고 백성들의 생활은 더욱 궁핍해졌다. 신라의 이런 상황은 만파식적을 잃어버려서 더 이상 어려움을 해결할 길이 없는 것처럼 보였기에 그런 기록이 남아 있을 수 있다. 이렇게 전설에 불과한 만파식적이지만 만파식적의 기록을 통해 우리는 신라 사회의 모습을 엿볼 수 있다.

왕권의 크기를 보여 주는 녹읍과 관료전

신문왕의 업적 중 자주 언급되는 업적 하나가 녹읍을 없애고 귀족에게 관료전을 지급했다는 것이다. 녹읍과 관료전은 어떻게 다르고 신문왕은 왜 그런 일을 했을까?

녹읍과 관료전은 왕이 귀족이나 관료에게 주는 토지다. 오늘날에는 국가에서 공무원에게 월급을 돈으로 주지만 옛날에는 돈 대신 땅을 주었다. 농업 국가인 신라에서 땅은 농작물을 수확할 수 있는 재산임과 동시에 거기에서 수확된 농작물은 다른 물건과 바꿀 수 있는 돈의 역할을 했기 때문이다. 땅을 받은 귀족이나 관료는 그 땅에서 농사를 짓는 농민들로부터 농작물을 거두어들여 생활했다. 이처럼 녹읍과 관료전은 국가가 귀족과 관료에게 주는 토지라는 점에서 공통점이 있으나 운영 방법은 달랐다.

녹읍을 받은 사람은 그 땅의 농민들로부터 농작물을 거두어 가는 것 외에 농민들에게 마음대로 일을 시킬 수 있었다. 집을 짓거나 다리를 놓는 일을 언제든지 시킬 수 있었으며, 다른 사람과 싸움이 벌어졌을 때에는 군대처럼 농민들을 부렸다. 그렇다 보니 자연히 녹읍을 많이 받은 사람은 경제적으로 부자가 될 뿐만 아니라 권력도 강해졌다. 반면 관료전을 받은 사람은 땅의 수확물을 가져갈 수는 있어도 녹읍과 달리 농민을 마음대로 부릴 수 없었다. 그렇기에 관료전을 많이 받으면 좀 더 많은 농작물을 가질 수는 있어도 힘이 세지는 것은 아니었다.

관료전과 녹읍의 성격이 이렇게 다르다 보니 땅을 주는 왕의 입장에서는 귀족과 관료의 힘을 누르고 왕권을 안정시킬 수 있는 관료전을 지급하고 싶어 했고, 반대로 귀족이나 관료는 관료전보다는 녹읍을 받고 싶어 했다.

왕권이 강하지 못한 신문왕 이전의 왕들은 귀족들의 주장에 눌려 녹읍을 지급했다. 왕이 귀족들을 이길 만한 힘이 없으니 어쩔 수 없이 녹읍을 준 것이다. 하지만 신문왕은 귀족들의 반발에도 녹읍을 모두 빼앗고 관료전을 지급했다. 신문왕의 이런 정책은 그만큼 왕권이 강했기에 가능한 일이다.

발해의 국호는
고구려였다?

　삼국 통일은 우리나라 역사 발전에서 중요한 사건이었고, 통일 후의 신라는 안정된 정치를 바탕으로 여러 분야에서 큰 발전을 이루었다. 그럼에도 많은 사람이 신라의 삼국 통일을 아쉬워하는 이유는 고구려가 지닌 넓은 영토를 잃어버렸기 때문이다. 그러나 신라의 삼국 통일 뒤 만주가 우리 민족의 무대에서 완전히 사라진 것은 아니다. 바로 발해가 있었기 때문이다.

고구려 유민 대조영의 발해 건국
　668년 고구려가 망하고 676년 신라가 통일을 완수하면서 대동강 이북의 땅과 만주 지역은 당나라 영토가 되었다. 신라와 당나라가 동맹 당시 맺은 약속 때문에 옛날 고구려 영토는 당나라의 지배를 받게 된 것이다. 고구려가 망한 후 고구려 유민은 신라로 들어오거나 당나라 사람이 되어 사는가 하면 원래 만주에 살고 있던 말갈족과 섞여 살기도 했다.

그러던 중 696년 거란족 출신 이진충이 반란을 일으켜 당나라에 위기가 찾아왔다. 이 반란은 1년여 만에 진압되었으나 그 과정에서 당나라의 힘은 약해지고 정치는 혼란에 빠졌다. 고구려 유민 대조영은 이 틈을 타 말갈 세력과 손잡고 당나라에 반기를 들었다.

대조영은 말갈족 추장 걸사비우와 함께 고구려 유민과 말갈족을 당의 지배가 미치지 않는 동쪽으로 이동시켰다. 이에 당나라는 대조영과 걸사비우에게 관직을 주며 회유했고, 두 사람이 이를 거부하자 군대를 보내 이들을 죽이려 했다. 당나라 군대에 맞서 말갈족이 먼저 나섰으나 싸움에서 패하고 추장 걸사비우는 전사하고 말았다. 승기를 잡은 당나라 군대가 계속 추격해 오자 대조영은 이들을 산악 지대로 유인해 크게 이겼고, 이 승리로 고구려 유민과 말갈족 모두에게 지도자로 인정받았다.

이후 대조영은 동모산에 자리를 잡고 '진'이라는 나라를 세우고 돌궐족과 동맹을 맺었다. 당시 돌궐과 군사적 동맹 관계에 있던 당나라는 대조영과의 싸움을 지속할 경우 동맹국 돌궐과 싸위야 하는 곤란한 상황에 놓이게 되었다. 따라서 당나라는 대조영에게 화해를 요청하고 대조영이 세운 나라를 정식으로 인정했다. 이후 대조영은 국호를 '발해'로 고쳤다.

발해는 고구려 유민 대조영이 세운 나라지만 대조영 혼자가 아닌 말갈족과 함께 했기에 고구려 사람들과 말갈족이 연합하여 세운 나라라고 할 수 있다. 그러나 발해 건국 후 고구려 사람들은 주로 상류 지배층이 되고 말갈족은 지배를 받는 하류층이 되었다.

해동성국 발해

대조영의 뒤를 이어 아들 대무예가 발해의 제2대 왕 무왕으로 즉위하고 연호를 인안이라 했다. 무왕은 강력한 대외 정책을 펼쳐 영토를 넓히는 데 힘을 쏟았다. 적대 관계인 흑수말갈 세력을 약화시키고 발해의 장군 장문휴로 하여금 당나라를 공격하게 했다. 이 공격이 성공하면서 당나라는 더 이상 발해를 얕잡아 보지 못하게 되었다.

무왕의 뒤를 이어 왕이 된 문왕은 연호를 대흥이라 하고 무왕과는 다른 길을 걸었다. 무왕이 영토 확장에 주력했다면, 문왕은 나라를 안정시키고 당나라·일본 등 주변 나라에 사신을 파견하며 무역을 하는 등 친선 관계를 유지하려고 노력했다. 그 결과 발해는 대내외적으로 안정을 이루었다.

문왕이 죽은 후 발해는 여러 왕이 짧은 기간 재위하면서 더 이상 발전하지 못하다가 제10대 선왕이 집권하면서 중흥기를 맞았다. 선왕은 대내적으로는 백성들의 삶을 안정시키기 위해 애썼고 대외적으로는 영토를 넓혀 나갔다. 그 결과 과거 고구려 영토를 거의 회복하고, 나아가 연해주 지역을 지배하기에 이르렀다. 이에 중국에서는 발해를 '해동성국'(바다 건너 동쪽에서 크게 번성한 나라를 뜻한다)이라고 불렀다.

발해는 어느 나라 역사인가

발해는 넓은 영토를 다스리며 200년 넘게 지속된 나라였음에도 조선 후기까지 사람들의 관심을 받지 못했다. 그러다가 조선 시대 후기 실학자 유득공이 1784년 《발해고》라는 책에서 처음으로 발해를 우리나라 역사에 포함시켰다. 유득공은 이 책에서 신라가 삼국을 통일한 후 만주가 우리 역사에서 사라진 것이 아니라 발해가 지배했기에 삼국 시대 이후를 남쪽의 신라와 북쪽의 발해가 통치하는 '남북국 시대'라고 칭했다.

그런데 최근 이상한 움직임이 일고 있다. 국가 간 영유권 분쟁이 일어나 과거 영토가 어디까지였는지가 중요해지자, 이러한 국제적 흐름 속에서 중국은 발해를 자기 역사라고 주장하고 있다. 발해가 중국 역사가 되면 발해의 땅이던 만주뿐만 아니라 현재

북한 지역인 한반도 북부까지 예전에는 중국 땅이었다는 결론이 나오기 때문이다.

이러한 이유로 발해가 어느 나라의 역사였는지가 중요해지면서 한국과 중국 두 나라 모두 발해를 자기 역사에 포함시키고 있다. 발해는 정말 어느 나라의 역사일까?

우리나라에서 발해를 우리 역사라고 보는 가장 중요한 근거는 발해가 고구려를 계승한 나라였다는 점이다. 발해가 고구려를 계승했다고 볼 수 있는 까닭은 발해가 일본에 보낸 국서 때문이다.

발해는 일본과 외교 관계를 맺고 친하게 지내면서 왕이 직접 일본에 편지를 보내기도 했다. 그리고 그 편지에 보낸 사람을 '고려 국왕'으로 표기하고 있다. 고려는 고구려가 사용한 국호 중 하나다. 즉 발해의 왕은 스스로를 고구려를 계승한 고(구)려의 왕으로 인식한 것이다. 그뿐만이 아니다. 발해는 온돌의 사용, 기와 모양, 무덤 형태 등 고구려의 문화와 생활 양식 등을 그대로 이어받았는데 이 또한 발해가 고구려를 계승했다는 근거가 될 수 있다.

반면 중국에서는 발해가 독립 국가가 아니라 당나라의 지방 정권이었다고 주장한다. 다시 말해 발해는 당나라에 소속된 지방 정권이었으므로 중국 역사의 일부라는 것이다. 이와 관련하여 중국의 역사책에는 당나라가 발해 왕을 책봉했다는 기록이 있다.

그러나 이러한 중국의 주장에는 문제가 있다. 바로 연호 사용 때문이다. 중국에서 연호는 오직 황제만이 정할 수 있다. 그런데 발해의 왕들은 즉위하면서 중국과는 다른 독자적인 연호를 사용했다. 중국의 주장처럼 발해가 중국의 지방 정권이고 발해 왕이 당에 의해 책봉되었다면 발해 왕은 독자적인 연호를 사용하지 못한다. 연호를 사용한다 하더라도 중국 황제가 정한 연호여야 한다. 하지만 발해는 중국과 다른 독자적인 연호를 사용했다. 이는 발해가 중국의 지방 정권이 아니라 독자적인 나라, 그것도 당나라와 어깨를 겨룰 정도로 강력한 나라였다는 증거가 된다. 발해가 중국 역사의 일부라는 주장은 잘못된 것이다.

중국은 발해를 자기 역사라고 우기다가 여러 증거를 통해 발해가 고구려를 계승한 나라임이 드러나자, 이제는 고구려까지 중국 역사라고 주장하고 있다. 고구려를 중국 역사로 둔갑시켜 예전 고구려 땅과 발해 땅을 모두 자기들 땅으로 만들려는 속셈이다. 이런 계획하에 중국은 동북공정 사업을 벌여 고구려와 발해 역사에 남아 있는 우리 민족의 흔적은 지우고 중국 역사로 바꾸는 작업을 하고 있다. 발해의 역사는 이미 1천 년 전에 끝났음에도 그 흔적이 남아 현재의 문제를 해결하는 열쇠 역할을 하고 있다. 이것이 우리가 역사를 제대로 알아야 하는 이유다. 역사는 과거의 사실이지만 역사 공부를 게을리한다면 역사뿐만 아니라 영토도 미래도 다른 민족에게 빼앗길지 모를 일이다.

역사를 왜곡하는 동북공정

동북공정이란 중국 사회과학원 중국변강사지 연구센터가 중국 동북 지역(만주, 연해주를 비롯한 한반도 북부 지역)의 역사와 현실 문제를 연구하기 위해 2002년부터 시작한 대규모 프로젝트다. 동북공정의 연구 과제로는 동북 지방사, 동북 민족사, 주변 나라 및 민족과의 관계사 등이 있는데 우리나라의 역사 및 현 상황에 대한 연구가 큰 비중을 차지하고 있다.

중국이 동북공정을 통하여 역사와 지역을 연구하는 가장 큰 이유는 다민족 국가라는 점 때문이다. 중국은 50개가 넘는 민족으로 구성되어 있는데 일부 민족은 중국으로부터 독립을 원하고 있다.

만약 그 민족들의 독립을 인정할 경우 나머지 민족도 독립을 희망하게 될 가능성이 있고, 그렇게 되면 중국은 분열될 위기에 처할 것이다. 따라서 민족이 달라도 현재 중국에 살고 있다면 모두 같은 나라 사람임을 강조할 필요성이 있으며 그 작업 중 하나가 동북공정이다.

　　동북공정에서 주장하는 역사관은 영토에 역사가 귀속된다는 영토 주권론에 입각하고 있다. 말하자면 중국 땅에 있었던 과거의 역사는 모두 중국 역사이고 중국에 사는 모든 사람은 중국 사람이라는 논리다.

　　이 주장대로라면 지금 중국이 차지하고 있는 만주에 있던 고조선, 부여, 고구려, 발해의 역사는 모두 중국 역사라는 결론에 이른다. 하지만 이 나라들은 모두 우리 민족이 세운 나라이고 엄

연한 우리의 역사다. 지금도 중국은 이 나라들의 역사를 중국 역사로 왜곡하는 작업을 하며 만주, 연해주 등지에 남아 있는 우리 역사의 흔적을 없애고 있다.

우리나라 정부는 중국의 이러한 역사 왜곡 작업에 항의의 뜻을 전했으나 중국의 동북공정은 계속되고 있다. 우리나라에서는 2004년 고구려 연구 재단이 만들어졌고, 2006년에는 고구려 연구 재단을 흡수한 동북아 역사 재단이 출범하여 중국의 역사 왜곡 문제에 대응하고 있다.

'일본'이라는 국호의 사용

발해 국왕은 자신을 '고려(고구려)의 왕'이라 칭하기도 하고 중국에서는 발해를 '해동성국'이라 부르기도 했다. 옛날에는 왕에 따라 나라의 이름을 바꾸어 사용하거나 서로 다른 이름으로 부르는 경우가 더러 있었다. 그렇다면 일본은 언제부터 '일본'이라는 국호를 사용했을까?

그 시기를 정확하게 알 수는 없지만 일본이라는 국호를 처음으로 공식화한 것은 701년 다이호 율령 즈음이다. 다이호 율령이란 일본이 중국 당나라의 영향을 받아 만든 중앙 집권적 법체계를 가리킨다. 이전까지 체계적인 법이 없던 일본은 다이호 율령을 발표하면서 형법에 해당하는 '율'과 행정법에 해당하는 '영'을 구분했고, 이를 바탕으로 좀 더 발전된 통치 체제를 만들어 나갔다.

다이호 율령 이전 일본의 국호는 무엇이었을까? 사실상 없었다. 아시아의 동쪽 끝 섬나라 일본은 우리나라나 중국보다 발전 속도가 느렸고 특히 크고 작은 여러 섬으로 이루어져 있어 하나의 국가 형태를 이루기 어려웠다. 그 때문에 당시 정식 국가 이름이 없는 것은 물론 중앙 집권적 통치 체제도 갖추지 못하고 있었다. 그랬던 일본이 7세기 후반 국호를 사용하기 시작했고 다이호 율령을 전후한 시기에 국호가 공식화된 것이다.

그럼 다이호 율령 이전에 다른 나라들은 일본을 어떻게 불렀을까? 우리나라 사람들은 일본을 주로 '왜'라고 불렀다. 왜소하다는 뜻에서 따온 왜는 당시 일본 사람들의 작은 체구를 빗댄 표현이다.

중국에서는 다른 나라의 이름을 자기 마음대로 정해 부르는 일이 많았다. 우리나라의 삼국도 정식 이름이 아니라 지형이나 기후의 특징을 담은 상징적인 말로 표현하곤 했다. 예컨대 고구려는 바람이 많이 부는 지역이라 하여 '바람 부는 골짜기'라는 뜻의 '풍곡'이라 불렀다. 중국에서 발견된 묘비명에는 일본을 '부상'으로 표현하고 있는데, 이는 '뽕나무가 떠오른다'는 뜻으로 중국에서는 '날이 밝아 온다' 또는 '해가 떠오른다'는 의미다. 즉 일본이 중국보다 동쪽에 있으므로 중국 입장에서는 일본 쪽에서 날이 밝아 온다는 의미로 부상이라고 표현한 것으로 추측할 수 있다.

그런데 일본을 부상으로 표현한 묘비명에는 '일본'이라는 국호도 등장한다. 일본이라는 말은 '해가 뜨는 곳'이라는 뜻인데, 재미있게도 이 일본은 백제를 가리킨다. 이를테면 묘비명에 일본이라고 적힌 것은 백제를 지칭하는 말이고, 정작 일본은 부상으로 표현되어 있는 것이다. 대체 어떻게 된 것일까?

앞에서 밝혔듯이 일본이라는 국호가 공식화된 것은 701년 즈음이다. 그런데 이 묘비는 예군이라는 사람의 것으로, 예군이 678년에 죽었으니 그해에 만들어진 것이라 볼 수 있다. 즉 678년에는 아직 일본의 정식 국호가 정해지기 전이므로 중국은 해가 뜨는 곳이라는 뜻의 일본이라는 단어를 중국의 동쪽에 있는 국가 어디에나 썼으며, 예군의 묘비에 적힌 일본은 백제를 지칭하는 말이었다.

일본이 국호로 '일본'을 선택한 이유에 대해서는 의견이 분분하다. 어떤 사람들은 신라의 삼국 통일 과정에서 백제가 망한 후 백제 사람들이 대거 일본으로 이동했는데, 그들에 의해 일본이라는 국호가 정해졌다고 주장한다. 또 어떤 사람들은 일본이라는 국호 사용 이전에도 일본의 왕이 자신의 나라는 해가 뜨는 곳이고 중국은 해가 지는 곳이라고 표현한 것으로 보아 비슷한 의미를 지닌 단어 일본을 국호로 택한 것이라고 주장하기도 한다. 어떤 주장이 옳은지 알 수는 없지만 일본이 정식으로 국호를 사용한 것은 다이호 율령 즈음으로 다른 나라보다 늦은 시기였음은 명백하다.

우리나라 불교만의
성격이 있다?

우리나라에는 다양한 종교가 있는데 그중 가장 먼저 들어온 선진 종교는 불교다. 인도에서 발생한 불교는 중국을 거쳐 우리나라로 들어와 삼국 시대부터 고려 시대까지 우리 민족의 정신적 지주 역할을 했다. 우리나라의 불교는 인도나 중국과는 다른 성격을 띠며 독자적으로 발전했다. 특히 통일 신라(삼국 통일 이후의 신라를 가리킬 때는 '통일 신라'로 표기한다) 시대에는 고유의 불교문화가 형성되었다.

다른 길을 걸은 원효와 의상

원효와 의상은 삼국 시대 말기에 신라에서 태어나 통일 신라 시대까지 살면서 우리나라의 불교를 정리하고 발전시킨 승려들이다. 원효가 의상보다 여덟 살 손위지만 두 사람은 친하게 지내면서 불교 경전을 공부하고 의견을 교류하는 등 서로에게 동료이자 스승이었다. 그러다 두 사람은 불교를 좀 더 많이 알고자 육로로 당나라 유학길에 올랐다. 그런데 신라와의 전쟁으로 사이가 좋지 않은 고구려는 자기네 땅을 거쳐 당나라로 향하는 두 사람을 신라의 첩자로 오해했다. 결국 두 사람은 당나라 유학을 포기하고 신라로 돌아와야 했다.

하지만 유학의 꿈을 버릴 수 없는 두 사람은 10년 뒤 다시 유학을 결심하고 이번에는 바닷길로 당나라에 들어갈 계획을 세웠다. 원효와 의상은 배를 타기 위해 항구로 향하다가 추위와 어둠을 피해 근처 토굴에서 하룻밤을 보내게 되었다. 목이 말라 잠에서 깬 원효는 옆에 놓인 바가지의 물을 맛있게 마시고 잠이 들었다.

아침에 잠을 깬 원효는 놀라지 않을 수 없었다. 지난밤 맛있게 마신 물은 해골 썩은 물이고 잠을 잔 곳은 토굴이 아니라 무덤 속이었던 것이다. 이에 원효는 깨달음은 바깥에서 얻는 것이 아니라 자신의 마음속에 있다는 이치를 깨우치고는 당나라 유학을 포기했다. 그리고 의상은 홀로 당나라로 향했다.

이 일을 계기로 두 사람은 불교 이론의 정립이나 생활 등에서 전혀 다른 길을 걷게 되었다. 비록 불교적 깨달음을 향한 두 사람의 행보는 달랐지만 원효와 의상이 정리한 불교 연구는 우리나라 불교 발전에 크게 기여했다.

원효와 대중 불교

우리나라 불교 역사상 손꼽히는 승려 중 한 명일 정도로 원효의 이름은 널리 알려져 있다. 그러나 당시 불교의 입장에서 볼 때 그는 이상한 사람이었다. 승려의 혼인을 금지했음에도 원효는 태종 무열왕의 둘째 딸 요석 공주와 혼인하여 아들 설총을 낳고 거리에서 떠돌이 생활을 했다. 또 광대 같은 복장을 하고 불교의 이치를 노래로 만들어 부르는가 하면, 칼이나 쇠지팡이로 여기저기에 글을 새기고 가야금 연주를 즐겼다. 또한 산과 들을 찾아 좌선하거나 명상을 하며 규범을 따르지 않고 자유롭게 지냈다.

원효가 이런 생활을 한 이유는 어렵게 느껴지는 불교 교리를 일반 백성에게 쉽게 설명하기 위해서였다. 불교는 경전을 읽어야 깨달음을 얻을 수 있다고 여겨졌는데, 글자를 모르는 백성은 경전을 읽을 수가 없어 불교를 이해하기조차 어려웠다. 이러한 백성들을 위해 원효는 불교를 대중화하려는 의도에서 일반 승려와는 다르게 행동한 것이다.

경기도 의정부에 있는 원효사. 원효가 한동안 머물며 공부했다고 알려진 이곳에는 젊은 모습의 원효 동상이 있다(그림 4).

누구나 아는 '나무아미타불'이라는 말도 원효가 퍼뜨렸다. '아미타'는 극락세계에서 말씀을 전하는 것으로 알려진 부처이고, '나무'는 돌아간다는 뜻의 불교 용어다. 즉 나무아미타불이란 '아미타 부처님께 돌아가겠다'는 뜻으로 죽어서 극락에 간다는 의미를 담고 있다. 원효는 불교 교리를 몰라도 나무아미타불만 외우면 극락에 갈 수 있다는 뜻에서 백성들에게 이 주문을 외우게 했다. 그 결과 나무아미타불은 지금까지도 가장 널리 알려진 주문으로 불교의 대중화에 큰 기여를 했다고 볼 수 있다.

원효는 대중이 쉽게 접근할 수 있도록 불교의 문턱을 낮추었지만 그의 학식 수준이 낮은 것은 아니었다. 한번은 원효가 《금 강삼매경》을 강의한 적이 있다. 원효가 강의를 한다고 하자 처음에 일부 승려는 원효의 행실과 인품이 나쁘다며 반대했다. 하지만 왕과 왕비를 비롯하여 대신, 승려 등 그 자리에 모인 사람들 모두 그의 강의에 감탄했다고 한다.

원효는 저술가로서도 이름이 높다. 오늘날까지 전해지는 저술은 20부 22권인데, 전해지지 않는 것까지 포함하면 모두 100여 부 240권 정도에 이른다. 그중 가장 유명한 저술로는 《대승기신론소》와 《금강삼매경론》이 있다.

원효의 또 다른 업적은 불교의 화합에 기여한 것이다. 당시 불교는 종파주의가 심하여 서로 의견이 맞지 않아 승려끼리 싸우는 일이 빈번했다. 이에 원효는 큰 시각에서 본다면 불교의 모든 종파는 같은 것이라며 싸우지 말고 화합하자고 주장했다. 이를 '화쟁 사상'이라고 부른다.

이처럼 원효는 불교의 대중화와 불교 수준의 향상, 불교계의 화합을 위해 노력했다.

의상과 화엄종

한편 원효와 헤어져 당나라로 간 의상은 중국 화엄종의 대표 인물인 지엄 스님을 만나 불교를 공부했다. 의상은 지엄을 통해 화엄종을 배웠으나 나중에는 지엄을 능가했다고 한다.

공부를 마치고 신라로 돌아온 의상은 자신이 배운 화엄종의 교리를 전파하는 데 힘쓰고자 사찰을 건립하고 교단을 만들어 승려들을 가르쳤다. 의상은 왕실에서도 인정하는 유명한 승려로 수많은 제자를 거느리고 있어 한 번 설법에 많게는 3천여 명이 모였다고 한다. 의상이 전파한 화엄종은 '모든 존재는 상호 의존적인 관계에 있으면서 서로 조화를 이룬다'는 사상이 주된 내용이다. 이는 모든 사람이 각자 자신의 위치에서 깨달음을 얻을 수 있다는 뜻으로, 반드시 불교 교리를 배워야만 극락에 갈 수 있는 것은 아니라고 해석할 수 있다. 이 때문에 의상의 사상 역시 불교 대중화에 기여한 것으로 평가받는다.

원효와 의상은 서로 다른 방법으로 불교를 전파했지만 두 사람의 불교는 이전 불교와 상이한 점이 분명히 있었다. 이전 불교가 불교의 교리와 형식을 중시한 반면, 원효와 의상이 전파한 불교는 깨달음과 마음가짐을 중시했다. 이로써 불교는 귀족이 아닌 일반 백성도 쉽게 이해하고 믿을 수 있는 친근한 종교가 되어 생활 속까지 파고들어 갈 수 있었다.

문화재의 보고 부석사

　경상북도 영주에 있는 부석사는 신라 문무왕 16년(676년)에 의상이 지은 절로,《삼국유사》에는 의상이 부석사를 지을 당시 이야기가 수록되어 있다.

　당나라로 유학 간 의상은 어느 신도의 집에 머물면서 공부했는데 그 집 주인의 딸 선묘가 의상을 짝사랑했다. 하지만 의상은 결혼할 수 없는 승려이므로 선묘의 마음을 모른 척했고, 신라로 돌아올 때도 선묘에게 알리지 않았다. 의상이 떠났다는 사실을 뒤늦게 안 선묘는 항구로 달려갔으나, 의상이 탄 배는 이미 떠난 뒤였다. 상심한 선묘는 바다에 몸을 던졌다.

　신라로 돌아온 의상은 지금의 부석사 자리에 큰절을 지으려고 했지만, 그곳에 있던 도적 떼가 절 짓는 것을 방해했다. 그때 용으로 변한 선묘가 나타나 큰 바위를 공중에 들어 올리자 도적들은 몹시 놀라 도망갔다. 이에 의상은 돌을 들어 올렸다〔부석(浮石)〕는 뜻에서 절 이름을 부석사라고 했다.

　부석사는 우리나라의 절 가운데 가장 많은 문화재를 보유하고

부석사 무량수전. 무량수전은 우리나라에서 가장 오래된 목조 건물로 자연을 품 안에 안은 모습이 부처의 자비심을 느끼게 한다. 부석사와 관련지어 의상을 부석존자, 의상의 화엄종을 부석종이라고 부르기도 한다(그림 5).

있는 것으로도 유명하다. 국보 제17호 무량수전 앞 석등, 국보 제18호 무량수전, 국보 제19호 조사당, 국보 제45호 소조여래 좌상, 국보 제46호 조사당 벽화, 보물 제220호 영주 북지리 석조여래 좌상, 보물 제249호 3층 석탑, 보물 제255호 당간 지주, 보물 제735호 고려 목판, 경상북도 유형문화재 제127호 원융국사비가 모두 부석사에 있다.

김대성은 정말
두 번 태어났을까?

신라는 삼국을 통일한 후 정치적·경제적·문화적으로 이전 시기에 비해 눈에 띄게 발전했다. 특히 안정된 정치와 경제력을 바탕으로 문화적으로 괄목할 만한 성장을 이루었는데, 그때 제작된 문화유산들은 경주에 가면 볼 수 있다. 경주에 남아 있는 수많은 신라의 문화유산 가운데 사람들이 가장 주목하는 것은 아마도 불국사와 석굴암일 것이다.

현생과 전생의 부모님을 가진 김대성

《삼국유사》에 따르면 불국사와 석굴암은 김대성이 만들었다고 한다. 김대성은 금성 근처 모량리라는 마을의 가난한 집에서 태어났다. 워낙 가난하여 끼니를 때우기조차 힘들어지자 그의 어머니는 아들을 부잣집에 일꾼으로 보내고 작은 밭을 받아 농사지으며 살았다.

어느 날 김대성은 자신이 일하는 부잣집에서 절에 시주하는 것을 보았다. 하나를 시주하면 만 배로 돌려받는다고 축원하는 승려의 말을 듣고 김대성은 어머니에게 달려갔다. 그러고는 집이 가난한 것은 선행을 쌓지 않았기 때문이니 지금이라도 시주를 해야 한다고 어머니를 설득했다. 김대성의 말을 들은 어머니는 부잣집에서 받은 밭을 절에 시주했다.

그러나 전 재산이나 다름없는 밭을 절에 시주했는데도 좋은 일이 생기기는커녕 얼마 후 김대성이 죽고 말았다. 그날 밤 재상 김문량의 집 위 하늘에서 "모량리의 대성이라는 아이가 너희 집에 의탁하러 온다"라는 소리가 울렸다. 김문량은 모량리의 김대성을 수소문하여 김대성이 그날 죽었다는 사실을 알게 되었고, 그 후 김문량의 부인은 아이를 가졌다.

열 달이 지나 김문량의 부인은 아들을 낳았다. 태어난 아이는 왼손에 '대성'이라는 두 글자가 새겨진 금빛 간자를 쥐고 있었다. 태어난 아기가 모량리에서 죽은 김대성이라는 사실을 확신하게 된 김문량은 김대성의 전생 어머니를 모셔와 함께 살았다.

이렇게 전생과 현생의 부모님을 함께 모시고 살던 김대성은
부모님이 돌아가시고 나서 절을 지었는데, 현생의 부모님을 위해
지은 절이 불국사이고 전생의 어머니를 위해 지은 절이 석불사
(석굴암의 이전 이름)이다.

김대성이 현생의 부모님을 위해 지은 절 불국사

불국사는 경주 토함산에 있는 절로, 《삼국유사》에는 신라 경덕
왕 때인 751년 김대성이 세웠다고 기록되어 있다. 하지만 《불국

사 역대 고금 창기》라는 책에는 528년에 처음 세워지고 574년 진흥왕의 어머니 지소 부인이 절의 규모를 키웠으며, 문무왕 때인 670년에는 새로운 건물을 짓고 751년 김대성이 수리하고 다시 크게 지었다고 기록되어 있다. 이러한 내용으로 보았을 때 원래 작고 낡은 절이던 불국사를 김대성이 재건하여 규모가 큰 절로 탈바꿈하게 된 것이라고 추측해 볼 수 있다.

불국사는 그 뒤에도 여러 차례 수리와 증축을 거쳐 대규모 절의 형태를 갖추게 되었다. 하지만 임진왜란 때인 1593년 왜군이 불을 지르는 바람에 목재 건물 등 문화재가 소실되어 당시의 것은 금동 불상과 돌다리, 탑만 남아 있다.

임진왜란이 끝나고 불국사의 복원 사업이 시작되었다. 그러나 조선 말기 나라의 힘이 쇠하면서 사업이 중단되었고 일본에게 나라를 빼앗긴 후에는 일본이 보수 공사를 했다. 일본이 보수 공사를 이유로 다보탑을 해체하고 그 속에 있던 금동 불상과 사리함 등 유물을 해외로 빼돌린 후 아직까지 그 행방이 밝혀지지 않고 있다.

광복 이후 복원 사업이 재개되어 1970년대에 마무리되면서 마침내 오늘날과 같은 불국사의 모습을 갖추게 되었다. 불국사는 현재 사적 및 명승 제1호로 지정되어 있고 경내에는 국보급 문화재가 상당수 있다. 국보 제20호 다보탑, 국보 제21호 3층 석탑(석가탑), 국보 제22호 연화교 및 칠보교, 국보 제23호 청운교 및 백운교, 국보 제26호 금동 비로자나불 좌상, 국보 제27호 금동 아미타여래 좌상, 보물 제61호 사리탑을 불국사에 가면 볼 수 있다.

유네스코 세계 문화유산 석굴암

경주 토함산 중턱에 있는 석굴암은 국보 제24호로 지정되어 있다. 751년 김대성이 짓기 시작하여 20여 년에 걸쳐 완공했다고 한다. 원래 이름은 석불사였으나 일제 강점기 이후 석굴암으로 불리고 있다. 석굴암은 규모가 작은 석굴이지만 건축 기술, 기하학, 종교적·예술적 가치를 인정받아 불국사와 더불어 1995년 유네스코 세계 문화유산으로 지정되었다.

석굴암은 흰색 화강암을 이용해 인위적으로 굴을 만들고 내부 공간에 부처님을 모신 형태다. 굴 가운데에는 약 3.4미터 높이의 본존 불상이 있고 그 주위 벽면에 불상이 총 40개 조각되어 있었으나 지금은 38개만 남아 있다. 석굴암의 모든 구조는 철저하게 과학적 계산을 통해 만들어진 것으로 석굴암 본존 불상의 몸의 비율, 앉아 있는 방석의 크기, 뒤편 광배의 크기, 석굴의 둥근 지붕 높이와 방의 크기 등 모든 것이 지름과 반지름을 완벽하게 계산하여 가장 아름다운 비율로 만들어졌다.

774년 완성된 석굴암은 조선 후기까지 습기가 차거나 돌벽이

경주 토함산에 있는 석굴암 석굴의 본존불. 본존불을 중심으로 불상들이 세심하게 배치되어 있어 신라 사람들의 불교에 대한 믿음을 잘 보여 준다. 석굴암은 건축, 수리, 기하학, 종교, 예술이 총체적으로 실현된 신라 시대 최고 걸작으로 평가받는다(그림 6).

갈라지는 일 없이 그 모습을 온전히 유지하고 있었다. 그런데 일제 강점기에 일본인들이 석굴암을 수리한다며 해체하고 재조립한 뒤에는 물이 새고 습기가 차기 시작했다. 1961년부터 석굴암 복원 작업을 했지만 일본인에 의해 변형되고 망가진 것을 예전처럼 살려 내지는 못했다.

어쩔 수 없이 인공적으로 석굴암의 습도를 유지하는 방법을 이용했지만 이 역시 별 효과가 없어, 석굴암의 보존을 위해 입구 앞을 유리로 막아 관람객의 출입을 막고 있다. 이 때문에 현재 일반인이 석굴암을 직접 볼 수는 없다.

다보탑과 석가탑

다보탑

국보 제20호로 지정된 다보탑은 우리나라 탑 가운데 보기 드
물게 층수가 없는 독특한 모양을 하고 있다. 통일 신라 시대에는
주로 3층탑이 만들어졌고 꼭 3층탑이 아니어도 대부분의 불탑은
3층, 5층, 9층 등 층수를 갖고 있는 게 일반적이다. 그런데 다보탑
은 층수가 없는 특이한 탑인 것이다. 바닥에 십(十) 자 모양으로
기단을 만들고 네 면에 돌계단을 만들어 놓았으며, 그 위에는 팔
각형 탑과 사각형 난간이 함께 있다.

일제 강점기인 1925년 일본인들은 석굴암처럼 다보탑도 보수
한다는 이유로 탑을 완전히 해체했다. 보수 과정에 대한 기록이
어디에도 남아 있지 않은 것은 물론, 탑 속에 있던 사리와 사리함
등 유물은 모두 사라져 버렸다. 또한 다보탑 돌계단 위에 있던 돌
사자 네 마리 가운데 세 마리가 없어졌다. 현재 남아 있는 한 마
리는 코가 뭉개져 있는데, 아마도 형태가 온전치 않아 가져가지
않은 것으로 추측된다. 그런데 없어진 돌사자 중 한 마리가 영국

의 대영 박물관에 있다. 어쩌다 영국까지 가게 되었는지 알 길이 없는 데다 나머지 두 마리의 행방은 여전히 밝혀지지 않고 있다.

석가탑

국보 제21호로 지정된 석가탑의 원래 이름은 석가여래 상주 설법탑이며, 이를 줄여 석가탑 또는 불국사 3층 석탑이라고 부른다. 석가탑은 통일 신라 시대 유행하던 탑의 형태인 3층 석탑의 양식을 그대로 이어받고 있으면서도 절제된 표현과 균형미로 3층 석탑 중 가장 뛰어나다는 평가를 받고 있다.

석가탑은 백제의 석공 아사달이 만든 것으로 알려져 있다. 아사달의 부인 아사녀는 남편 아사달을 보고 싶은 마음에 불국사에 찾아왔지만, 여자라는 이유로 공사 현장 근처에는 갈 수 없었다. 유일하게 아사달을 볼 수 있는 방법은 연못에 비치는 불국사 그림자에서 아사달을 찾는 것이었기에 아사녀는 매일같이 연못으로 가서 수면 위에 비치는 남편의 모습을 찾았다. 하지만 석가탑과 아사달의 모습은 비치지 않았고 기다림에 지친 아사녀는 결국 연못에 빠져 죽고 말았다. 이런 전설이 담긴 탑이기에 석가탑은 그림자가 없는 탑이라는 뜻에서 '무영탑'이라고도 불린다.

석가탑은 조형미가 뛰어난 것으로 널리 알려져 있으며, 탑 안에서 세계 최초이자 세계에서 가장 오래된 목판 인쇄물인〈무구

정광 대다라니경〉이 발견된 것으로 유명하다. 1966년 12월 석가
탑을 수리하던 중 탑의 2층에 보관되어 있던 여러 유물이 세상의
빛을 보게 되었고, 그 가운데 하나가 국보 제126호로 지정된〈무
구 정광 대다라니경〉이다.〈무구 정광 대다라니경〉은 신라 경덕
왕 10년(751년)에 불국사를 중창하면서 석가탑을 세울 때 봉안
된 것이다.

제지술을 전래한 탈라스 전투

세계에서 가장 오래된 목판 인쇄물로 알려진 〈무구 정광 대다라니경〉은 불경이 적힌 종이 두루마리인데 이 종이는 751년경 만들어진 것이라 한다. 즉 우리나라에서는 신라 시대부터 이미 종이와 목판 인쇄술이 사용되었음을 알 수 있다. 이 〈무구 정광 대다라니경〉의 종이가 제작되었다고 추정되는 751년에는 세계 사에서 매우 중요한 전쟁인 탈라스 전투가 발발했다. 이 전투는 중국의 당나라와 중앙아시아의 아바스 왕조 사이에 일어난 전쟁으로, 고대 최대 규모의 세계 대전으로 꼽힌다.

당나라는 중국의 역대 왕조 중 가장 강력한 나라로 알려져 있다. 특히 대단히 넓은 영토를 통치한 것으로 유명하며 영토에는 비단길이 포함되어 있었다. 비단길은 중국과 서역 간 무역로를 가리키는데, 이 길을 통해 얻을 수 있는 이득이 상당했기에 많은 나라가 서로 차지하고 싶어 했다. 당나라는 비단길의 상당 부분을 점령하고 있어 국력이 강해질 수 있었던 만큼 다른 나라의 침략을 받을 위험 또한 컸다. 결국 비단길의 운영권을 두고 큰 싸움이 벌어졌고, 그것이 바로 탈라스 전투다.

탈라스 전투 이전부터 비단길 주변 지역을 다스린 당나라는 750년에 평소 사이가 좋지 않던 이슬람 제국과 동맹을 맺으려 한 석국(지금의 우즈베키스탄 타슈켄트 지역)을 토벌하고 그 나라의 국왕을 사로잡았다. 그런데 당나라가 석국의 왕을 죽이자, 비단길 주변 여러 나라가 이에 반발하여 탈라스 대평원으로 쳐들어왔다. 당나라는 우호 관계에 있는 튀르크계 민족 카를루크와 연합하여 아바스 왕조를 중심으로 한 서역 연합군에 맞서 전쟁을 치렀다.

탈라스 전투는 밤낮없이 이레 동안 이어진 대규모 전쟁이었고, 이때 고구려 출신 고선지 장군이 당나라 군대를 지휘한 것으로 유명하다. 당나라 최고의 장군 고선지는 후대에 전적지를 답사한 많은 사람이 '세계에서 가장 천재적인 전략가'로 평가할 만큼 탁월한 장수였다. 하지만 탈라스 전투에서 동맹을 맺은 카를루크가 배신하면서 고선지 장군이 이끈 당나라 군대는 패하고 만다.

전쟁은 그렇게 끝났지만 탈라스 전투로 세계사에는 큰 변화가 일어났다. 탈라스 전투에서 패하면서 당나라의 많은 사람이 서역의 포로가 되었는데, 포로 중에는 종이 만드는 기술자가 포함되어 있었다. 그들에 의해 종이 만드는 기술이 서역에 전래되면서 중국의 제지술이 다른 지역에 알려졌다.

지금 우리가 매우 흔하게 사용하는 종이가 당시로서는 중국만이 만들 수 있는 귀한 것이었다. 종이를 사용하려면 중국에서 비싸게 수입해 와야 했기에 서역에서는 종이 대신 파피루스 잎으로 만든 파피루스지나 양피지에 글을 썼다. 그런데 이것들은 표면이 거칠고 대량 생산이 불가능하다 보니 널리 활용되지 못했다. 하지만 탈라스 전투에서 붙잡힌 포로들 덕분에 제지 기술이 전해지면서 서역에서도 종이를 생산할 수 있게 되었다.

이후 지속적인 노력 끝에 종이의 대량 생산이 가능해져 학술 내용의 기록과 전파가 수월해지면서 서역과 유럽에서는 학문이 발달하게 되었다. 이런 이유 때문에 탈라스 전투는 승자와 패자의 의미를 넘어 세계사 발전에 중요한 계기를 마련한 사건으로 기록되고 있다.

중국의 제지술이 전래되며 세계사에 지대한 영향을 끼친 탈라스 전투가 발발한 751년, 같은 해에 만들어진 종이가 〈무구 정광 대다라니경〉의 이름으로 현재 우리에게 전해지고 있으니 정말 묘하고 신기한 일이 아닐 수 없다.

에밀레종에 아이가
들어 있다고?

우리나라에서는 중대한 일이 있을 때 종을 치는 타종 행사를 하는데, 우리나라에 현존하는 종 대부분은 불교 차원에서 제작된 것이다. 불교에서는 종을 치면 소리가 울려 퍼지면서 부처님의 말씀과 은덕이 세상에 널리 전해진다는 믿음이 있어 종을 많이 만들었다. 현재 우리나라에 있는 종 가운데 가장 큰 종은 성덕대왕 신종으로, 이 종의 다른 이름이 에밀레종이다.

백성에게 정전을 지급한 성덕왕

성덕왕은 신문왕의 둘째 아들로 형 효소왕이 아들 없이 세상을 떠나자, 신하들의 추대를 받아 왕이 되었다. 아버지 신문왕 때 왕권이 강화된 덕에 성덕왕은 강력한 권력을 바탕으로 신라 역사상 처음으로 귀족 대표인 상대등을 해임하는 등 소신껏 정치를 펼칠 수 있었다.

성덕왕의 가장 큰 업적으로 꼽히는 것은 백성들에게 정전을 지급한 일이다. 정전은 본디 농사지을 수 있는 땅을 가리킨다. 땅이 없는 백성에게는 농사를 짓도록 정전을 지급하고, 이미 땅이 있는 농민에게는 농사짓고 있는 땅을 정전으로 인정하여 대대손손 그 땅에서 농사지을 수 있도록 했다.

정전 지급으로 농사짓는 농민 수는 증가했고 농민은 땅을 다른 사람에게 빼앗길까 염려하지 않고 농사지을 수 있었다. 이렇게 되자 백성들의 생활은 안정되었고 그만큼 국가가 농민에게 거두어들이는 조세는 늘어났다. 수취(조세)가 늘어나자 국가 재정은 넉넉해졌고 이는 안정된 왕권을 유지하는 데에도 도움이 되었다.

사실이 아닌 성덕 대왕 신종 제작의 전설

성덕 대왕 신종은 경덕왕이 아버지 성덕 대왕의 공적을 널리 알리기 위해 만든 종으로, 완성은 그다음 왕인 혜공왕 시기에 이루어졌다. 국보 제29호로 지정된 이 종은 원래 봉덕사에 있었으나 여기저기 옮겨 다니다 지금은 국립 경주 박물관에 보관 중이다. 현재 우리나라에 남아 있는 종 가운데 가장 크며 국보 제36호 상원사 동종과 함께 신라 시대를 대표하는 종으로 인정받고 있다.

이 종이 완성될 당시 신라의 예술은 최상의 수준에 도달해 있었다. 이런 높은 수준에서 제작되었기에 성덕 대왕 신종의 예술적 가치는 어디에서나 인정받고 있다. 게다가 이 종은 우리나라 종 가운데 종 안이나 표면에 이름 또는 글귀를 적는 종명을 가장 먼저 시작한 종으로도 알려져 있다.

성덕 대왕 신종 속 종명은 종이 울릴 때마다 종소리를 통해 성덕 대왕의 공덕이 방방곡곡 퍼져서 나라가 평안해지고 백성들이 잘살 수 있기를 바란다는 내용이다. 성덕 대왕 신종 이후에 만들어진 범종들은 종명으로 소원이나 바람을 적고 종이 울릴 때마다 그 내용이 세상에 널리 알려지기를 희망했다. 성덕 대왕 신종은 봉덕사에 있었다고 하여 봉덕사종이라고도 하고 에밀레종이라고도 부른다. 그런데 성덕 대왕 신종을 에밀레종이라고 부르게 된 데에는 특별한 이야기가 전해지고 있다.

경덕왕의 명령으로 오랜 시간과 노력을 쏟은 끝에 성덕 대왕 신종 제작에 성공하여 이를 기념하기 위해 관료와 승려 들이 모여 종을 쳐 보았다. 그런데 아무리 종을 쳐도 소리가 나지 않았다. 종에 아무 문제가 없는데도 소리가 나지 않자, 승려들은 정성

에밀레종이라는 이름으로 알려진 국보 제29호 성덕 대왕 신종. 어린아이에 관한 전설은 과학적으로 사실이 아님이 밝혀졌다(그림 7).

이 부족하다고 생각하여 전국을 돌며 시주를 받았다. 그때 한 어머니가 시주를 하고 싶으나 갖고 있는 재산이 없다면서 자신의 아이를 바치겠다고 했다. 승려들은 놀라서 거절했지만 꿈속에서 아이를 종을 만드는 쇳물에 넣으라는 계시를 받고는 아이를 데려왔다. 그 아이를 넣어 다시 종을 만들자 정말로 종소리가 났는데, 마치 아이가 엄마를 찾는 것처럼 '에밀레~, 에밀레~' 하는 소리로 들려서 에밀레종이라 불렀다고 한다.

에밀레종에 관한 이 전설은 널리 알려져 있지만 사실은 성덕 대왕 신종과 관련이 없다. 이 전설은 일제 강점기 때 일본인들이 지어 낸 것으로, 조선총독부 기관지에 실린 〈어밀네종〉이라는 동화 내용을 성덕 대왕 신종 전설로 둔갑시킨 것이다. 일본이 무슨 의도에서 이 종의 전설을 조작했는지 정확하게 알 수는 없지만, 어쨌거나 아이를 넣어 종을 만들었다는 끔찍한 전설은 성덕 대왕 신종과 아무 관계가 없다.

그렇지만 사람들이 이 전설을 믿는 까닭은 성덕 대왕 신종 제작이 그만큼 어려웠기 때문이다. 지금의 기술로 성덕 대왕 신종과 똑같은 종을 만들어도 진짜 성덕 대왕 신종의 종소리처럼 중후하고 무게감 있는 소리는 나지 않는다고 한다. 워낙 종을 만들기가 어렵다 보니 이 종을 만드는 데 특별한 비법이 있지는 않았나 생각하게 되었고, 그 궁금증이 아이의 전설을 믿게 한 것은 아니었을까.

혹시나 정말로 어린아이를 넣어 만들었을지 과학자들이 종의 성분을 조사했으나, 종에서 사람의 성분은 발견되지 않았다고 한다. 에밀레종과 관련된 전설은 거짓임이 확인된 셈이다. 성덕 대왕 신종의 성분을 과학적으로 조사하는 데에는 성공했지만, 성덕

대왕 신종의 신비한 소리는 현대 과학으로도 만들어 내지 못한
다고 한다. 그만큼 신라 시대 조상들의 기술력이 뛰어났음을 증
명해 준다.

현종과 양귀비 그리고 안사의 난

중국 당나라에는 나라의 발전을 이끈 두 왕이 있었으니 바로
태종과 현종이다. 두 왕의 통치 시기에 얼마나 살기가 좋았는지
중국에서는 태종이 통치한 시기를 '정관의 치', 현종이 통치한 시
기는 '개원의 치'라고 부르며 칭송한다. 성덕왕이 신라를 통치하
던 시기, 현종이 다스리는 당나라는 최고의 전성기를 누렸다. 하
지만 현종은 통치 막바지에 이르러 정치를 멀리하고 실정을 거
듭했는데 그 원인으로 지목되는 인물이 양귀비다.

양귀비는 원래 현종의 며느리, 즉 현종의 열여덟 번째 아들의
부인이다. 그런데 양귀비의 미모에 반한 현종이 자신의 후궁으
로 맞이하기를 원하여 결국 양귀비는 이혼하고 현종의 후궁이
된다. 지금의 시각으로는 이해하기 힘든 일이다. 게다가 그때 현
종이 쉰여섯 살, 양귀비가 스물두 살이었다고 한다. 어찌 되었건
양귀비와 사랑에 빠진 현종은 정치를 신하들에게 맡기고 양귀비
와 같이 지내는 데에만 몰두한다. 그러자 정치를 책임진 신하들
이 사리사욕을 채우기에만 혈안이 되었고 당나라는 급속도로 쇠

퇴한다.

그러던 중 최고 권력자 이임보가 죽고 그 자리를 차지하려는 권력 다툼이 벌어졌다. 마음껏 사리사욕을 채울 수 있는 위치이기에 이임보의 자리를 차지하고 싶어 하는 사람은 한둘이 아니었다. 치열한 신경전이 벌어진 끝에 이윽고 후보는 양국충과 안녹산 두 사람으로 압축되었다.

양국충은 양귀비의 육촌 오빠로 양귀비를 등에 업고 정치적으로 권력을 행사하는 실세 중 실세였다. 그러나 양국충은 능력이 없고 성품이 고약해 평판이 좋지 않았다. 이에 비해 안녹산은 이민족 출신으로 당나라에 연고는 없지만 두뇌 회전이 빠르고 말솜씨가 좋아 현종과 양귀비에게 환심을 사고 있는 인물이었다. 안녹산은 몸무게가 많이 나가는 거구였는데, 어느 날 현종이 안녹산의 불룩한 배를 보며 배 속에 뭐가 들어 있냐고 물었다. 이에 안녹산은 현종을 향한 충성심으로 가득 차 있다고 답해 현종을 기쁘게 했다고 한다. 또한 안녹산은 양귀비와 각별하여 양귀비보다 열 살 이상이나 나이가 많은데도 자청하여 양귀비의 양자가 되었다.

이를 빌미로 안녹산과 양귀비는 수시로 만났고 두 사람 사이를 의심하는 사람들이 많았다. 그러나 현종은 안녹산의 충성심을 믿고 둘을 의심하지 않았다고 하니 안녹산의 권모술수가 얼마나

벽화에 그려진 양귀비. 양귀비는 중국의 달기, 서시 등과 함께 나라를 기울게 할 만큼 빼어나게 아름다운 미인을 뜻하는 경국지색 중 한 명으로 일컬어진다 (그림 8).

대단했는지 짐작할 수 있다. 하지만 결국 실권은 양국충에게 넘어가고 만다.

권력 다툼에서 패한 안녹산은 양국충을 토벌하겠다며 난을 일으켰고 이를 '안사의 난'이라고 한다. 처음에는 안녹산이 난을 이끌었으나 후에는 안녹산의 부하였던 사사명이 난을 이끌었기 때문에, 안녹산과 사사명의 성을 따서 안사의 난이라고 불린다. 시작은 안녹산과 양국충의 권력 다툼에서 촉발되었지만, 안사의 난은 나라의 모습을 완전히 뒤바꾼 당나라 역사상 가장 큰 사건이다.

안녹산의 군대에게 수도 장안을 빼앗긴 현종은 도망치던 중 자신의 목숨을 지키기 위해 양국충의 목을 베고 양귀비에게는 자결을 명령했다. 결국 양귀비와 양국충 모두 비참한 죽음을 맞이했다. 난을 평정하는 데 실패하자 현종은 왕위를 아들에게 물려주고 정치에서 물러났다. 이러한 노력이 이어졌지만 당나라 군대가 안사의 난을 제압하는 데에는 무려 9년이나 걸렸다.

그 9년 동안 당나라 땅은 황폐해지고 인구는 급감했으며 국가에 수취를 바칠 수 있는 농민도 대폭 감소했다. 즉 안사의 난 이후 당나라는 인구 감소, 수취 감소, 경제적 어려움을 동시에 겪으면서 이전과는 다른 사회가 되었다. 보통 당나라 역사를 이야기할 때 전기와 후기로 나누어 달라진 제도, 경제 구조 등의 차이를 비교한다. 그 전환점이 되는 사건이 곧 안사의 난이다.

이처럼 중대하고 결정적인 사건이 현종과 양귀비의 사랑에서 비롯되었다니 역사적인 아이러니가 아닐 수 없다. 보통 서양 미인의 대표로는 클레오파트라, 동양 미인의 대표로는 양귀비를 많이 언급하는데, 양귀비가 동양에서 가장 예뻤다기보다는 양귀비의 미모로 인해 벌어진 사건의 결과가 너무나 엄청났기 때문일 것이다.

장보고는 왜 왕이
되려 했을까?

해상왕 장보고에 대해서는 많이 들어 보았을 것이다. 장보고를 소재로 한 드라마나 영화가 제작될 정도로 우리나라를 대표하는 인물 중 한 사람이다. 하지만 장보고가 정확하게 어느 시대에 어떤 활동을 했는지를 아는 사람은 의외로 적다. 과연 장보고는 어떤 사람이었을까?

청해진에 세운 해상 기지

장보고의 집안이나 출생에 대한 기록은 남아 있지 않으며 평민 출신으로 여겨지고 있다. 본명은 활을 잘 쏘는 사람이라는 뜻을 가진 '궁복' 또는 '궁파'였다고 한다. 장보고라는 이름은 중국에 건너가 활동하던 중 중국의 거대 성씨인 장씨를 따고 이름을 지은 것이라 전해진다.

장보고의 확실한 출생 시기는 알 수 없지만 어려서부터 무예가 뛰어나고 활을 잘 쏘았으며 수영 실력 또한 뛰어났다는 기록이 남아 있다. 장보고는 8세기 말부터 9세기 초반에 활동했다. 이 시기는 신라의 정치가 극도로 혼란하여 많은 사람이 당나라로 건너가 살았고 장보고 역시 당나라에서 젊은 시절을 보냈다. 이때 당나라에는 절도사라고 불리는 세력이 등장하여 지역을 통치했으며, 장보고는 그곳 군대에 들어가 활동하며 군사 기술을 배웠다.

한편 장보고는 해상 무역에 관심을 갖게 되었는데 이는 시대적 상황과 깊은 관계가 있다. 당나라는 국제적이고 개방적인 분위기를 선호하여 외국인이 자기 나라에 들어와 생활하는 것을 허용했기에, 많은 신라 사람이 건너가 살았고 그 수가 워낙 많다 보니 신라방이라는 마을까지 만들어 함께 생활했다.

신라인뿐만 아니라 일본인, 아라비아인, 페르시아인 등이 당나라에 들어와 주로 본국과 당나라를 연결하는 무역을 했다. 오랜 기간 당나라에서 지낸 장보고는 그들의 생활을 지켜보면서 자연스럽게 국제 무역을 경험하게 되었고 특히 해상 무역에 눈을 돌렸다.

그런데 당나라 정부의 힘이 약해지자 각지에서 도적 떼가 등장하면서 바다에는 해적의 출몰이 잦았다. 해상 무역을 하는 상인들의 배를 노리는 해적들은 신라 사람들의 무역선을 공격하거나 신라에서 사람들을 잡아 와 중국에 노예로 팔아넘기는 등 악질적인 행동을 일삼았다. 이 모습을 보고 분노한 장보고는 해상권을 손에 넣어 해적을 소탕하고 신라에 이득이 되는 국제 무역을 해야겠다는 결심을 했다.

828년(흥덕왕 3년) 신라로 돌아온 장보고는 신라 사람들을 괴롭히는 해적을 잡기 위해 남해안 해상 요충지인 완도에 해군 기지를 세워 달라고 왕실에 요청했다. 하지만 신라는 진골 귀족 간 권력 다툼으로 하루도 편할 날이 없어 지방 통치에 신경 쓸 여력이 없었다. 이에 장보고는 차라리 스스로 해상 기지를 세우기로 하고 왕의 승인을 받은 뒤 일반 병사 1만여 명을 동원하여 완도에 청해진을 건설했다. 이에 왕은 장보고에게 '청해진 대사'라는 벼슬을 내려 청해진의 관리와 감독을 맡겼다.

청해진은 당과 신라, 일본을 잇는 무역 중심지에 위치하여 해적 소탕뿐 아니라 해상권을 장악하기에도 유리했다. 장보고는 중국에서 쌓은 경험으로 무역의 특징을 훤히 알고 있었기에 짧은 시간에 해상 무역을 장악해 나갔다. 그리고 중국에서 배운 군사

훈련법을 이용해 해적을 소탕하고 해상 무역의 질서를 잡아 당나라와 일본 간 무역 중개권을 독점하다시피 했다. 장보고와 청해진은 점차 군사적으로나 경제적으로 무역의 핵심으로 떠올랐다.

장보고의 활동은 여기에서 그치지 않고 외교 관계로까지 이어졌다. 일본 조정에 서신과 공물을 보내 외교 교섭을 시도하는 한편, 교역을 위한 배를 보내 당나라 정부와의 외교를 추진했다. 이러한 활동은 신라 왕실의 허락을 받지 않고 독자적으로 이루어진 것으로, 장보고가 자신을 지방 관리나 상인이 아닌 독립적인 세력으로 인식하고 있기에 가능한 일이었다. 일본의 승려 엔닌(일본 최초로 대사 칭호를 받았다)은 당나라에서 공부할 때 장보고의 도움을 받았고 일본으로 귀국할 때도 장보고에게 신변 보호를 요청했다. 이 사실은 당시 장보고의 위상이 어느 정도였는지 가늠할 수 있는 대목이다.

보통 장보고 하면 청해진을 떠올리지만 장보고는 당나라의 신라인 마을에 절을 짓고 그 절을 관리하는 등 중국에 살고 있는 신라 사람들에게 경제적인 지원을 아끼지 않았다. 그 절은 장보고 덕에 큰 밭을 운영할 정도로 경제력이 든든했으며 대법회를 통해 신라인을 하나로 뭉치게 하는 역할을 했다. 이와 같이 장보고의 영향력은 당나라에 살고 있는 신라인 사회까지 미칠 정도로 대단했다.

권력 다툼에 휩쓸린 장보고

장보고의 성공 요인은 여러 가지가 있지만 그중 손꼽히는 하나가 인재 등용이다. 자신이 귀족 출신이 아니었으므로 사람을 등용할 때 신분보다는 능력을 우선하는 파격적인 모습을 보였다.

신라는 엄격한 신분제 사회로 같은 귀족끼리도 등급을 정해 차별을 두었다. 그런데 장보고는 신분과 무관하게 능력 위주로 사람을 뽑았기에 많은 인재가 모여들었고, 그들은 자신의 능력을 인정해 주는 장보고에게 충성을 다했다.

처음에 장보고는 해적을 소탕하기 위해 청해진을 세웠지만, 점차 힘이 세지고 사람들이 모여들자 누구보다 막강한 힘을 행사하는 지방 세력으로 급성장했다. 게다가 장보고는 군사력과 경제력 둘 다 갖추고 있어 언제 누구와 겨루어도 이길 준비가 되어 있었다. 중앙(수도)에서 권력 다툼을 하는 진골 귀족 중에는 이렇게 성장한 장보고에게 지원을 요청하는 사람마저 있었다.

836년 왕위 계승 다툼에서 밀려난 진골 귀족 김우징과 그 가족이 청해진으로 도망 와 장보고에게 의탁한 일을 계기로 장보고와 김우징은 절친한 사이가 되었다. 2년 뒤인 838년 또다시 왕위 계승 다툼이 벌어져 제44대 민애왕이 즉위했지만 정국은 그야말로 혼란 자체였다. 이 틈을 놓치지 않고 반격을 가한 김우징은 장보고의 지원으로 839년 왕위에 올라 제45대 신무왕이 되었다.

왕이 된 신무왕으로부터 높은 관직을 하사받은 장보고는 더욱 막강해졌다. 신무왕이 병으로 1년 만에 죽으면서 왕의 자리는 그의 아들 문성왕에게 넘어갔지만, 장보고의 세력은 여전히 강력하여 장보고의 딸은 장차 문성왕의 왕비가 될 것으로 약속된 상태였다. 장보고의 힘이 커질수록 귀족들은 불안해졌다. 귀족이 아닌 장보고가 군사력과 경제력을 갖고 있는 것도 마음에 들지 않을뿐더러 정치권력까지 등에 업는다면 자신들의 입지는 더욱 좁아질 것이 확실했다.

귀족들은 장보고의 딸이 왕비가 되는 것에 반대했고 다른 진골 귀족들의 간섭에서 자유로울 수 없는 문성왕은 귀족들의 뜻을 받아들여 장보고 딸과의 혼인을 거부했다. 이를 계기로 신라 왕실과 장보고 사이는 악화되었고 장보고가 반란을 준비하고 있다는 소문이 돌기 시작했다.

한때는 아버지 김우징과 함께 장보고의 보호를 받은 문성왕이지만, 장보고와 사이가 멀어지자 장보고가 갖고 있는 힘이 두려워졌다. 이에 문성왕은 장보고의 부하였던 염장을 보내 장보고를 암살했다. 장보고가 죽고 나서 장보고의 아들과 부하들이 한동안 청해진을 유지해 나갔으나, 신라 왕실은 그마저 가만두지 않았다. 군대를 보내 청해진을 토벌하여 청해진은 851년 마침내 역사 속으로 사라졌다.

혼란한 정치의 피해자 장보고

장보고가 활동한 8세기 말부터 9세기 초까지 신라는 정치적으로 매우 혼란했다. 왕들의 재위 기간만 보더라도 제39대 소성왕 3년, 제40대 애장왕 10년, 제42대 흥덕왕 11년, 제43대 희강왕 3년, 제44대 민애왕 2년, 제45대 신무왕 1년으로 자주 통치자가 바뀌었다. 왕이 되고자 진골 귀족끼리 싸우는 과정에서 죽거나 밀려나는 왕이 많았기 때문이다.

정치가 어지러워지자 백성들의 생활은 한층 궁핍해졌다. 이런 시기에 장보고의 활동은 신라 사람들에게 큰 힘이 되었다. 하지만 그런 장보고도 권력 다툼의 소용돌이에서 자유로울 수 없었고 결국 암살당해 생을 마감했다. 권력 다툼만 아니었더라면 훨씬 오래 청해진을 지휘하며 무역에 새바람을 일으킬 수 있었을 텐데 안타까운 일이 아닐 수 없다. 어쨌든 청해진은 신라 해상 활동의 구심점 역할을 했고 당시 동아시아 무역의 중심이었다는 점에서 장보고의 업적은 대단하다고 할 수 있다.

진성 여왕은 정말 악녀였을까?

삼국 통일 후 전성기를 맞이하며 발전하던 신라는 8세기 후반 들어 급속하게 혼란에 빠졌다. 왕권이 약화되자 진골 귀족들은 권력을 차지하기 위해 서로 싸웠고, 중앙 정치가 혼란에 빠지자 지방 호족들은 자신만의 군대를 키우며 권력 다툼에 가담했다. 나라가 어지러워짐에 따라 점차 백성들의 생활은 궁핍해지고 신라 왕실에 대한 신뢰는 무너져 갔다. 이러한 신라의 쇠퇴에 불을 지핀 왕이 있었으니 바로 진성 여왕이다. 진성 여왕은 어떤 사람이었을까?

신라의 세 번째 여왕 진성 여왕

신라의 제50대 왕 정강왕은 아들이 없어 후계자로 여동생을 지목했고 이에 887년 왕위를 이어받아 제51대 왕이자 신라의 세 번째 여왕 자리에 오른 사람이 진성 여왕이다. 진성 여왕은 즉위 후 1년 동안 백성들의 조세를 면제해 주는 등 민심을 잡기 위해 노력했다. 하지만 즉위한 지 1년이 채 안 되어 남편이 세상을 떠나자, 정치는 흔들리기 시작했고 지방 조세가 제대로 걷히지 않아 국가 재정은 어려워졌다.

국고를 채우고자 지방의 관리에게 독촉을 했고, 지방 관리들의 부패와 무리하게 조세를 걷으려는 정책 때문에 민심은 돌아섰으며 사방에 도적 떼가 들끓기 시작했다. 생활이 궁핍해지니 농민들은 도적이 되거나 봉기를 일으켰다. 특히 지금의 경상북도 상주 지방에서 일어난 원종과 애노의 반란은 규모가 상당하여 정부군은 이 반란을 진압하는 데 실패했다. 원종과 애노의 반란을 계기로 전국 곳곳에서 농민들의 봉기가 끊이지 않았다.

그러나 진성 여왕이 이끄는 중앙 정부는 더 이상 나라를 통제할 힘이 없었다. 정부가 쇠약해지니 지방에서는 스스로 왕처럼 군림하며 지역을 다스리는 사람들이 나타났는데, 이때 등장한 인물이 궁예와 견훤이다. 지방의 실력자들이 지역을 나누어 통치하고 백성들을 다스리게 되자, 왕이 실제로 통치하는 지역은 수도인 금성과 주변 지역에 한정되었다.

　무너져 가는 신라를 바로 세우고자 진성 여왕은 당대 최고의 지식인으로 손꼽히는 최치원을 등용하여 위기를 극복하려고 했다. 그러나 진골 귀족들의 반대로 최치원이 건의한 정책은 채택되지 못했다. 그러던 중 병에 걸린 진성 여왕은 왕위를 조카에게 물려주고 스스로 왕의 자리에서 물러났다. 그리고 6개월 뒤 죽음을 맞이했다.

진성 여왕은 과연 악녀이자 멸망의 원인 제공자인가

　고려 시대에 저술된 역사책 《삼국사기》와 《삼국유사》는 진성 여왕을 나쁜 왕으로 기록하고 있다. 진성 여왕이 정치를 돌보지 않는 문란한 여자였다는 것이다.

　진성 여왕의 남편이자 정신적 지주였던 인물은 신라의 관직 가운데 최고 등급 각간의 위치에 있는 위홍이다. 그런데 진성 여왕과 각간 위홍은 원래 삼촌과 조카 사이다. 즉 두 사람은 근친혼을 한 것이다.

　그뿐 아니라 남편 위홍이 죽자 진성 여왕은 어린 남자 두세 명을 궁으로 불러들여 가까이 지냈다고 한다. 왕의 사랑을 받는 이들은 기고만장해져 정치에 개입했으며, 많은 사람이 출세를 목적으로 이들에게 잘 보이려고 애썼다. 간신배들이 들끓고 뇌물 수 수, 관직 매수 등이 성행하면서 신라의 정치는 한층 엉망이 되고 말았다.

결국 신라 말기에 나타난 정치적 혼란과 분열은 여러 남자를 가까이하느라 정치에 신경 쓰지 않은 진성 여왕 때문이고, 더 나아가 신라가 망하게 된 근본 원인 역시 진성 여왕이 제공했다는 것이다. 이처럼 역사책들은 진성 여왕을 악녀에다 신라를 망하게 한 원인 제공자로 기록하고 있다. 하지만 이런 기록에 반대하는 의견도 있다.

첫 번째로 진성 여왕과 각간 위홍의 관계를 살펴보자. 진성 여왕과 위홍은 삼촌과 조카 사이기는 하나 이런 혼인의 모습은 당시 사회에서는 흔한 일이었다. 예전에는 왕족과 귀족의 혈통을 유지하고 기득권을 지키기 위한 수단으로 근친혼을 이용했다.

실제로 신라 시대에는 수많은 근친혼이 있었다. 법흥왕의 동생은 법흥왕의 딸과 결혼했고, 둘 사이에서 태어난 아이가 진흥왕이다. 무열왕 김춘추는 김유신의 여동생과 결혼했고, 그 사이에서 태어난 딸은 나중에 김유신에게 시집을 갔다. 또 김유신의 딸은 김춘추의 아들인 문무왕과 결혼했다. 지금의 상식으로는 도저히 상상할 수도 없는 일이지만 혈통을 중시한 신라 시대에 이러한 근친혼은 전혀 문제 되지 않았고, 이런 혼인 풍습은 고려 시대까지 이어졌다.

이 같은 점을 고려할 때 진성 여왕과 각간 위홍의 관계를 문제 삼는 것은 새삼스럽다. 위홍이 죽은 뒤 신라에서는 위홍을 혜성 대왕에 책봉했는데 이 사실이 전혀 문제 되지 않았다는 것은 진성 여왕과 각간 위홍의 관계를 왕실과 귀족 모두 인정했다는 뜻이 된다.

두 번째로 진성 여왕이 남편 사후 어린 남자 두세 명을 궁으로 불러들였다는 것은 진성 여왕이 문란해서가 아니라 왕실의 후사를 위한 신라의 풍속으로 볼 수 있다. 선덕 여왕 때도 후사가 없어 자녀를 낳기 위해 궁으로 남자들을 불러들이는 제도가 있었다는 기록이 있다. 즉 어린 남자들을 궁으로 들인 것 역시 신라 왕실의 풍속인 셈이다.

마지막으로 그 남자들 때문에 정치가 혼란에 빠졌다는 내용 역시 진성 여왕만의 과오로 보기 어렵다. 왕의 후사를 낳기 위한 남자들이었으니 왕실을 드나든 남자들은 진골 귀족 중에서도 권력의 핵심에 있는 집안의 자제들이었음이 틀림없다. 그런 집안의 사람이 왕과 가까이 지내다 보니 그들에게 뇌물을 주거나 편법을 저지르려고 하는 것은 자연스러운 일이다. 다만 왕권이 강하면 그런 부정을 방지할 수 있겠지만 진성 여왕은 그렇게 하지 못했다는 것이 문제다.

또한 진성 여왕 때부터 도적 떼가 들끓고 지방 세력이 창궐하여 나라가 분열된 것은 분명한 사실이다. 그러나 이를 두고 악녀라고까지 평가하여 기록한 것은 여자 왕을 못마땅하게 여긴 과거 역사책 저자의 성향이 반영된 결과로 추측해 볼 수 있다.

혼란에 빠진 신라 사회

신라의 혼란은 진성 여왕 때부터 시작된 것은 아니다. 진성 여왕이 집권하기 이전에도 반란은 자주 발생했다. 제48대 경문왕 6년(866년)에 이찬 윤흥이, 14년(874년)에는 이찬 근종이, 제49대 헌강왕 5년(879년)에는 일길찬 신홍이, 제50대 정강왕 2년(887년)에는 이찬 김요가 반란을 일으켰다. 불과 20년 사이에 반란이 네 번이나 일어났으니 당시 신라 사회가 얼마나 어지러웠는지 미루어 짐작할 수 있다.

그럼에도 진성 여왕 시기에 혼란이 잠재워지기는커녕 그 정도가 더욱 심해져 신라가 본격적으로 쇠퇴하기 시작한 것은 사실이다. 이를 근거로 진성 여왕의 무능을 문제 삼을 수는 있지만, 진성 여왕 때문에 신라가 망했다고 보는 견해는 지나치다고 할 수 있다.

최치원은 왜
신라에서 성공하지
못했을까?

나라가 위기에 빠졌을 때 극복하는 방법 중 하나는 훌륭한 인재가 등장하여 좋은 정책을 내놓고 그 정책을 시행하여 위기를 이겨 내는 것이다. 9세기 들어 극심한 혼란과 위기에 빠진 신라에 위기를 극복할 수 있는 기회가 전혀 없었던 것은 아니다. 바로 최치원의 등장이다. 하지만 신라는 그 기회를 살리지 못했다.

뛰어난 지식인이자 문장가 최치원

최치원은 신라 말기 6두품 출신 지식인 가운데 가장 뛰어난 인물로 알려져 있다. 868년 열두 살 나이에 당나라에 유학 간 최치원은 874년 열여덟 살에 빈공과(당나라 과거 시험의 하나로 외국인이 응시할 수 있는 시험)에 합격했다.

예전에는 아무리 똑똑해도 과거를 준비하는 데 최소 15년이 걸린다고 보아 보통 다섯 살부터 과거를 준비하는 경우가 흔했으므로 20대 초반에 합격해도 기록에 남을 만한 일이었다. 그런데 최치원은 우리나라도 아닌 당나라에서 10대에 과거에 합격했으니 얼마나 실력이 출중했는지 미루어 짐작할 수 있다. 최치원의 아버지는 아들을 격려하기 위해 유학 갈 당시 10년 안에 과거에 합격해야 한다고 으름장을 놓았다고 하는데 불과 7년 만에 합격한 것이다.

최치원의 능력은 여기에서 그치지 않았다. 시 짓는 재주 또한 뛰어나서 스무 살이 되기 전에 100수가 넘는 시를 지었다고 한다. 최치원이 살았을 당시의 시는 오늘날의 시와 달리 한자 운율을 맞추어야 하는 한시였는데, 워낙 운율 맞추기가 까다로워 중국의 내로라하는 학자들도 이토록 많은 시를 짓기가 어려웠다. 그런데 최치원은 10대의 나이에 그 일을 해낸 것이다.

일찍이 최치원의 능력을 알아본 당나라에서는 중요 관직을 내렸다. 이렇게 승승장구하던 최치원이 다시 한번 유명해진 계기가 된 사건이 있으니 바로 황소의 난이다.

황소의 난이란 황소라는 사람이 조정에 반기를 들고 875년 반란을 일으킨 사건이다. 당시 당나라는 관리와 환관의 부정부패로 나라가 어지럽고 백성의 생활은 궁핍했다. 이때 황소라는 인물이 나타나 당나라 조정과 관리들을 비판하자 많은 농민이 황소의 난에 가담하여 그 세력이 점차 커졌다.

이에 당나라 조정은 절도사 고변에게 황소의 난을 해결하도록 맡겼는데, 최치원은 고변의 종사관이 되어 함께 반란을 진압했다. 이후 4년 동안 고변을 도와 일한 최치원은 공적을 인정받아 승진하고 조정으로부터 신임을 얻었다. 고변의 종사관으로 일하는 동안 최치원은 많은 글을 남겼다. 그때 남긴 글 중 하나가 유명한 〈토황소격문〉이다. 〈토황소격문〉은 최치원이 황소에게 보낸 글로, 황소는 이 글을 읽고 놀라 그 자리에 주저앉았다고 한다.

무릇 바른 것을 지키고 떳떳함을 행하는 것을 도라 하고 위험한 때를 당하여 변통하는 것을 권이라 한다. 지혜 있는 이는 시기에 순응하는 데에서 성공하고, 어리석은 자는 이치를 거스르는 데에서 패하는 법이다. 비록 백 년의 수명에 죽고 사는 것은 기약하기 어려우나 모든 일은 마음으로써 그 옳고 그른 것을 분별할 수 있다.

이렇게 시작하는 글은 정의의 이름으로 난을 일으켜 세상을 어지럽히는 황소를 꾸짖으며 투항할 것을 권하고 있다. 게다가 이 글에는 "다만 천하의 모든 사람이 너를 죽이려고 생각할 뿐 아니라 땅속의 귀신까지도 이미 남몰래 너를 베려고 의결했다"라는 구절이 있는데, 이 부분은 어떤 날카로운 칼보다도 황소의 간담을 서늘하게 했을 것으로 평가된다.

최치원은 885년 신라에 귀국할 때까지 당나라의 여러 문인과 사귀어 문장을 나누고 교류하며 이름을 떨쳤다. 그 결과 당나라에서 편찬한 서적인 《당서》, 《예문지》에 최치원이 집필한 책의 이름이 수록될 정도다.

실패한 정치인 최치원

스물아홉 살에 신라로 돌아온 최치원은 당나라에서의 활동을 인정받아 헌강왕으로부터 관직을 받고 정치에 참여했다. 또한 탁월한 문장력으로 명문장을 남기며 능력을 발휘했다.

그러나 그때 신라의 상황은 매우 혼란스러웠다. 중앙 정부의 무능과 관리들의 부정부패 탓에 생활이 더욱 힘들어진 백성들이 반란에 가담하는 경우가 잦아지면서 이윽고 전국적으로 봉기가 발생했다.

이미 당나라에서 황소의 난을 경험한 최치원은 신라의 국가적 위기를 극복해 보려 노력했지만, 일개 지방 관리인 그가 할 수 있는 일은 없었다. 그때 최치원에게 기회가 찾아왔다. 왕위에 오른

진성 여왕이 최치원을 등용하여 위기를 극복하려 한 것이다. 이
에 최치원은 시무책 10여 조를 올려 잘못된 정치를 바로잡으려
했다. 나라의 위기는 부패한 정치에서 비롯되는 것이기에 정치가
바로 서지 않으면 나라가 바로 설 수 없다는 것을 알고 있는 그
가 시무책을 올려 정치를 바꾸려 한 것이다.

이 시무책은 진성 여왕에게 받아들여졌고 최치원은 6두품이
올라갈 수 있는 최고의 관직인 아찬의 자리에 등용되었다. 하지
만 최치원의 시무책은 곧 진골 귀족의 반대에 부딪혔다. 시무책
을 이행하기 위해서는 진골 귀족들이 누리고 있는 혜택과 특권

을 포기해야 하는데, 귀족들이 그것을 내려놓을 리가 만무했다.

결국 최치원의 시무책은 시행되지 못했다. 더군다나 최치원을 지지해 주던 진성 여왕이 왕위에서 물러나자, 최치원의 입지는 좁아졌다. 이에 회의를 느낀 그는 40대의 나이에 스스로 관직에서 물러나 산속으로 들어가 숨어 지냈다. 이후 여러 산을 떠돌다가 가야산의 해인사에서 생을 마감했다고 한다.

골품제에 가로막힌 천재

최치원은 역사상 찾아보기 드문 천재이자 뛰어난 문장가이고 당나라에서 능력을 인정받은 실력자였다. 그런데 모국인 신라에서는 달랐다. 고위 관직에 올라갈 수 없었음은 물론이고 내놓은 정책마저 거부당했다. 천재 최치원이 왜 신라에서는 실력을 발휘할 수 없었을까? 그 해답은 골품제에 있다.

신라는 철저한 신분제 국가로 탁월한 능력의 소유자라도 신분이 낮으면 주요 관직에 등용될 수 없었다. 최치원의 신분은 6두품으로 6두품은 제아무리 뛰어난들 여섯 번째 관직인 아찬의 자리까지밖에 올라갈 수 없었다. 다시 말하면 아무리 우수한 인재라도 6두품은 고위 관직가가 될 수 없으며 당연히 정책 결정 과정에 참여할 수 없다.

이러한 한계 때문에 신라를 떠나 다른 나라로 망명 가는 6두품

최치원 영당(영정을 모시는 곳). 1902년 후손들이 세운 곳으로 경상남도 창원에 있으며 영정 외에 열세 살에 썼다는 필적도 모셔져 있다(그림 9).

도 많았다. 만약 최치원이 신라로 돌아오지 않고 계속 당나라에 살았더라면 분명 더 큰 성공을 거두었을 것이다. 최치원은 자신의 능력을 모국에서 발휘하고 싶어 신라로 돌아왔고, 최선을 다해 정치를 하려 했지만 그의 노력은 수포로 돌아갔다. 그런 최치원이 할 수 있는 일이라고는 40대라는 젊은 나이에 모든 것을 포기하고 산속으로 들어가는 것뿐이었다.

이러한 한계 때문에 6두품 중에는 신라에 반감을 갖는 사람이 많았다. 그들은 이후 신라에 반대하며 새로운 나라를 세우려는 지방 세력인 호족이 등장했을 때 호족 편에 서게 된다.

최치원은 진성 여왕을 원망했을까?

진성 여왕 시대에 정치적 꿈이 무너진 최치원이 진성 여왕을 혼란의 원인 제공자로 여기고 원망했을 것이라고 짐작할 수 있으나 그렇지 않았던 것으로 보인다.

충청남도 보령시 성주면에 있는 국보 제8호 '보령 성주사지 대낭 혜화상 탑비'의 비문은 최치원이 쓴 글인데, 거기에서 최치원은 은혜가 바다와 같이 넘친다며 진성 여왕을 성군으로 묘사한다. 최치원은 자신의 시무책이 받아들여지지 않고 신라의 정치가 부패한 원인을 진성 여왕 때문이라 여기기보다 진골 귀족 위주로 돌아가는 신라 사회의 폐쇄성에서 찾았음을 알 수 있다.

유교와 불교에 능했을 뿐만 아니라 도교 및 풍수지리설 등 당시 유행한 모든 학문에 능통했던 최치원은 수많은 글과 책을 저술한 것으로 기록되어 있다. 하지만 현재까지 전해지는 것은《계원필경》,《법장화상전》,《사산비명》뿐이고 그 외에는 일부 책에 실린 시문이 조금 전해지고 있다. 또 글씨도 잘 써서 최치원이 썼다고 알려진 쌍계사의 진감 선사 탑비는 글씨체가 아름답기로 유명하다.

제2장

후삼국 시대,
통일 신라가 다시 분열되다

누가 신라에 반기를 들었을까?

신라는 1천 년 가까이 이어져 온 나라지만 말기에 이르러 귀족 간 권력 다툼으로 정치는 무너지고 수도 금성은 권력 투쟁의 장으로 변했다. 한편 백성들은 탐관오리가 저지른 과도한 수탈, 가뭄과 같은 자연재해로 생존조차 위협받는 상황에 이르렀다. 그러나 이로부터 벗어날 길이 보이지 않자 백성들의 정치에 대한 불신이 깊어져 갔다.

이렇듯 정치가 문란해지고 민심이 떠나면서 신라의 존속은 위태로워졌고, 이런 상황 속에서 신라 왕실에 반기를 드는 사람들이 등장했다.

왕보다 힘이 센 호족

신라에 반기를 든 대표적인 계층은 신라 말기에 성장한 지방 호족이다. '호족'이라는 단어는 중국에서 처음 사용하기 시작했는데, 강력한 힘을 지닌 지방의 친족 집단을 가리킨다. 다시 말해 중앙(수도)의 귀족과 대비되는 개념에서 사용하는 말로 지방의 토착 세력이자 실력자를 의미한다.

호족이 우리나라에 처음 등장한 것은 통일 신라 시대다. 통일 신라 말기에 정치가 혼란해지고 왕권이 쇠약해지자 지방에 있는 유력자 중 일부가 호족이 되었다. 이들은 땅과 노비를 소유하고 있었기에 경제적으로 부유한 데다 개인 군대, 즉 사병을 거느리고 있었다. 바로 이 점 때문에 신라 말기의 호족은 왕권에 위협적인 존재였다.

신라 말기 정치적 혼란 및 가뭄과 흉년으로 생활이 궁핍해졌고, 전국 각지에서는 도적 떼가 들끓어 백성들은 언제 도적들의 습격을 받을지 모르는 위험한 상황에 놓였다. 보통 이런 일이 생기면 정치를 담당하는 관리나 정부의 군대가 나서서 해결한다. 하지만 왕도 정부도 힘이 약해진 터라 군대는 제구실을 하지 못했다. 중앙에서는 귀족들이 정치를 돌보지 않고 서로 왕이 되겠다고 싸우고 있었기 때문에 백성들은 알아서 자신의 재산과 생명을 지켜야만 했다. 그러나 현실적으로 스스로 자신을 지키기가 어려운 백성들은 호족에게 의지할 수밖에 없었다.

백성들은 경제적으로 넉넉한 호족에게 필요한 곡식을 빌리거나 호족의 땅을 빌려 농사를 지었다. 무엇보다 호족이 거느리고 있는 사병을 동원해 도적 떼를 막아 주었으므로 백성들은 더더욱 호족을 믿고 따르게 되었다.

이렇게 되자 지역 주민들에게 호족은 왕보다 중요한 존재로 인식되고 일부 사람은 호족이 왕이 되는 편이 낫겠다고 생각하기에 이르렀다. 호족 가운데에서는 스스로 지역의 통치자로 자처하는 사람이 생겨났는데, 이들은 자신을 '성주' 혹은 '장군'이라 칭하며 군대를 거느리고 주민들로부터 세금을 걷었다.

이처럼 강력한 힘을 가진 호족이 존재한다는 사실은 신라 왕실로서는 불안한 일이 아닐 수 없었다. 하지만 도적 떼조차 잡을 힘이 없는 신라 정부가 유력 세력인 호족을 제압하기란 불가능했다. 시간이 갈수록 호족은 막강해졌고 그들 중 일부는 왕보다 강력한 권력을 갖게 되면서 스스로 왕이 되려 했다. 대표적 인물이 궁예, 왕건, 견훤이다.

능력은 있으나 발휘할 수 없는 6두품

신라는 골품제라는 폐쇄적 신분제를 가진 사회였다. 골품제에 따르면 아무리 능력이 뛰어나더라도 자신이 타고난 '골'과 '품'에 따라 올라갈 수 있는 관직에 한계가 있었다. 즉 능력보다 혈통이 중요했다. 이런 골품제에 가장 불만이 큰 계층은 6두품이었다.

6두품은 진골 바로 아래 있는 계층으로 학문이나 문화 수준에서 진골 귀족과 그다지 차이가 나지 않았다. 그러나 6두품은 나라의 정책을 논의하고 결정하는 고위 관직에 해당하는 1~5등급의 관직에는 진출할 수 없었다. 고위 관직에 오를 수 없다는 것은 정치를 함에 있어 언제나 진골 귀족이 시키는 대로만 해야 한다는 뜻이었다.

물론 6두품이 언제나 진골 귀족에게 밀리기만 한 것은 아니다. 왕의 힘이 강하고 권위가 높을 때 6두품은 정치적 역량을 발휘할 수 있는 기회를 맞기도 했다. 어느 시대나 그렇듯 왕과 귀족은 서로를 견제했다. 그도 그럴 것이 왕의 힘이 강력해지면 귀족은 마음대로 할 수 있는 일이 줄어들고, 귀족의 힘이 강력해지면 왕은 귀족에게 휘둘리기 마련이다. 신라 역시 마찬가지였다. 왕권이 세지면 진골 귀족의 힘은 약해지고, 왕권이 약해지면 반대로 진골 귀족의 힘은 세지곤 했다.

신라 중기 왕권이 막강하던 시기, 왕들은 진골 귀족을 견제하기 위해 능력이 뛰어난 관료를 필요로 했다. 그때 왕의 곁을 지킨 계층이 6두품이다. 우수할 뿐만 아니라 진골 귀족에게 불만을 품은 6두품들은 왕과 손을 잡고 정치를 펼쳐 나갔으며, 이들은 비록 높은 관직에는 오르지 못하지만 왕의 강력한 지원을 등에 업고 정치를 주도해 갈 수 있었다.

그런데 신라 말기가 되자 상황은 달라졌다. 왕권은 쇠하고 진골 귀족이 강해지면서 정치판은 진골 귀족의 독무대가 되었다. 그러자 6두품은 아무것도 할 수 없는 무능력한 존재가 되어 버렸다. 이런 정치 현실에 실망한 6두품 가운데에는 불합리한 골품제가 존재하는 신라가 아닌 능력을 인정해 주는 새로운 나라가 탄생하기를 바라며 반신라 세력으로 돌아서는 이들마저 있었다.

바로 그때 등장한 세력이 호족이다. 새로운 사회를 꿈꾸며 지역을 통치해 나가는 호족에게는 능력 있는 인재가 필요했다. 능력을 발휘하고 싶어 하는 6두품과 능력 있는 인재를 찾는 호족의 이해관계가 맞아떨어진 것이다. 결국 이 둘은 서로 필요에 의해 결탁했고 더 강한 반신라 세력으로 성장하게 되었다.

새로운 불교를 신봉하는 선종 승려

불교는 우리나라 고대 사회에서 없어서는 안 되는 중요한 종교이자 사상이었다. 불교는 우리나라 사람들의 사상을 하나로 통합함으로써 같은 민족이라는 동질감, 왕을 모시고 함께 나라를 지켜야 한다는 충성심을 형성하여 나라를 강성하게 만드는 데 기여했다. 그런데 신라 말기 새로운 불교가 유입되면서 불교계에 변화가 생겼다.

우리나라에 처음 소개된 불교는 교종으로, 교종은 경전을 중시하고 불경을 토대로 부처님의 가르침을 이해하고 체계화한 것이 특징이다. 교종에 따르면 경전을 읽고 그 내용을 이해하여 부처님의 뜻을 깨달아야 극락에 갈 수 있다. 처음 교종이 들어왔을 때 귀족들은 경전을 열심히 읽고 부처님의 뜻을 이해하려 노력했다. 왕실 또한 경전을 중시하고 경전에 나와 있는 완벽한 인격체인 부처님의 뜻을 기리고자 국가가 나서서 절을 짓고 불상과 탑을 만들었다.

그러나 일반 백성이 교종의 교리를 지키는 것은 불가능한 일이었다. 다름 아닌 글자를 모르기 때문이었다. 당시 우리나라에 소개된 불경은 대부분 중국에서 들어온 것이라 한자로 쓰여 있었는데, 농사를 짓는 일반 백성이 한자를 알 리가 없었다. 다시 말해 글자를 모르니 백성들은 불경을 읽을 수 없고 불경을 읽을 수 없으니 부처님의 뜻을 이해할 수 없었다. 백성들은 깨달음에 이를 수도 극락에 갈 수도 없는 것이다.

그런데 선종이 우리나라에 유입되면서 불교계에 새로운 주장이 일기 시작했다. 선종은 인도 승려 보리달마가 중국 양나라에 전했고, 우리나라에는 통일 신라 중기에 들어와 발전한 불교의 한 종파다. 선종에서는 인간은 누구나 부처가 될 수 있는 품성을 지닌 존재로서 수행과 해탈을 통해 부처가 될 수 있다고 했다. 즉 경전을 읽거나 부처님의 말씀을 듣지 않아도 스스로 깨달음에 이르면 극락에 갈 수 있다는 주장이다.

우리나라에 선종을 처음 소개한 사람은 법랑이지만, 본격적으로 선종을 들여오고 대중화에 힘쓴 사람은 도의 선사다. 당나라에 유학한 도의 선사는 821년 신라로 돌아와 당나라에서 배운 선종을 소개했다. 하지만 당시 교종을 신봉하던 신라 불교계가 선종을 받아들이지 않자, 설악산에 진전사를 짓고 그곳에서 생활하며 제자들을 키웠다.

선종은 도의 선사 제자들에 의해 전파되어 지방을 중심으로 선종을 믿는 사람들이 늘어났다. 특히 선종은 신분이 낮은 백성 사이에서 인기가 많았다. 당연히 기존의 불교계와 귀족은 선종을 달갑게 여기지 않았다. 통일 신라 말기 교종은 이미 왕권과 결탁하여 많은 혜택을 누리고 있었고, 귀족들은 불교 교리의 이해와 깨달음을 특권으로 인식했다.

그런데 선종이 보급되면 귀족, 승려, 평민의 구분은 무의미한 것이나 마찬가지다. 글을 못 읽어도 하찮은 일을 해도 깨달음에 이르면 극락에 갈 수 있으니 귀족이 일반 백성보다 우월한 면이 없게 되는 것이다. 심지어 깨달음을 얻지 못한 귀족보다 깨달음에 이른 평민이 나을 수도 있었다. 이런 이유로 통일 신라 말기에 귀족들은 선종의 보급을 막으려 선종을 탄압했다. 선종을 믿는 승려들은 자신들의 믿음을 저버릴 수 없어 귀족의 탄압을 피해 지방이나 산으로 들어가 참선을 하고 선종을 보급하는 데 진력했다. 그리고 자연스럽게 반신라의 성격을 갖고 새로운 사회를 꿈꾸게 되었다.

이때 지방에서는 호족이라고 불리는 세력이 등장했다. 새로운 사회, 새로운 나라를 세우자는 호족의 주장은 선종 승려들의 바람과 일치했다. 결국 선종 승려는 신라 정부에 맞서려는 호족의 입장을 지지했고, 호족의 입장에서는 반란을 준비하는 자신들에게 정신적인 지지자가 생긴 셈이었다. 이에 두 세력은 손을 잡고 신라에 반기를 들게 되었다.

고려에 힘을 실어 준 풍수지리설

풍수지리설은 나라의 수도를 정하거나 집을 짓고 무덤을 만들 때 땅의 생김새나 방위 등으로 좋은 곳을 택하고 이를 길흉화복과 연결 짓는 학문이다. 말하자면 좋은 곳에 자리 잡으면 좋은 일이 생기는 반면, 좋지 못한 곳이면 나쁜 일이 생긴다는 것이다. 이러한 풍수지리설은 기원전 4~5세기경 중국에서 처음 출현했는데 우리나라에는 삼국 시대에 전해져 통일 신라 말기부터 널리 유행했다.

풍수지리설은 나라의 흥망성쇠에도 영향을 주었다. 대표적인 예가 통일 신라 말기에 유행한 송악(지금의 개성) 길지설이다. 송악 길지설은 송악의 기운이 좋다는 것으로, 바꾸어 해석하면 신라의 수도 금성의 운이 다하여 그 운이 송악으로 옮겨 갔다는 뜻이다.

송악 길지설은 신라의 힘을 약화시켰고, 호족 가운데에는 풍수지리설에 따라 신라가 망하고 송악에 도읍을 정한 고려가 흥할 것이라 믿는 사람들이 늘어났다. 호족들의 이런 믿음은 고려의 힘이 강해지는 데 도움을 주었다.

승려의 무덤 승탑

절에 가면 흔히 볼 수 있는 것 중 하나가 '불탑'이라고도 부르는 탑이다. 탑은 대부분 절 입구에 세워져 있고 그 형태가 아름다워 많은 사람의 관심을 받는다.

인도에서 석가모니가 돌아가신 후 화장을 하자 사리가 수천 개나왔다. 사리는 부처님의 몸과 같은 것이어서 이를 보관하기 위한 무덤으로 탑을 만들었으니 탑은 곧 부처님의 무덤이다. 따라서 본디 탑 안에는 부처님의 사리가 들어 있어야 하나, 모든 탑에 부처님의 사리를 넣기란 불가능한 일이어서 부처님을 상징하는 불경이나 사리 상자 등 다른 물건을 넣어 둔다.

선종을 보급하기 위해 진력한 도의 선사가 죽고 화장을 하자 수많은 사리가 나왔다고 한다. 이에 제자들은 도의 선사가 부처의 경지에 이르렀으므로 그 사리를 보관해야 한다는 생각에 탑을 만들었다. 이것은 부처님의 무덤이 아닌 승려의 무덤이라는 뜻에서 '승탑'이라고 부르며, 다른 말로는 '부도'라고도 한다.

도의 선사 승탑이 세워진 뒤로는 유명 승려가 돌아가시고 화장

동해가 보이는 진전사 터 언덕 위에 위치한 도의 선사 탑. 도의 선사는 진전사를 창건하고 이곳에서 수도하다 입적했다. 우리나라 석조 승탑 중 가장 오래된 것으로 9세기 중반에 세워진 것으로 추정된다(그림 10).

후 사리가 나오면 그 사리의 무덤을 만들게 되면서 승탑을 세우는 것이 일반화되었다. 그래서 선종이 전국적으로 보급된 통일신라 말기 이후에는 많은 승탑이 만들어졌다. 도의 선사의 승탑은 보물 제439호로 지정되었고 현재 강원도 양양 진전사 터에 세워져 있다.

통일 신라는 왜 셋으로 나뉘었을까?

8세기 이후 왕권이 약화되고 진골 귀족 간 왕위 다툼이 연이어 일어나면서 정치는 엉망이 되고 민심은 신라로부터 떠나기 시작했다. 이때 지방에서 등장한 호족은 6두품, 선종 승려와 손잡고 새로운 나라를 준비했으며 후백제, 후고구려가 세워졌다. 이로써 백제와 고구려를 통일하여 하나의 나라로 만든 신라가 다시 세 나라로 나뉘어 후삼국 시대가 열렸다.

견훤의 후백제 건국

견훤의 아버지는 농민 출신이지만 후에 장군이 된 것으로 알려져 있고, 어머니의 가문은 현재 전라남도 광주의 호족이었을 것으로 추측된다. 견훤은 본래 이씨였지만 나중에 견씨로 성을 바꾸었다고 한다.

체구가 남다르고 리더십을 지닌 견훤은 전투 능력이 뛰어나서 많은 사람이 믿고 따랐다. 특히 백성들의 생활이 궁핍해지고 도적 떼가 들끓은 진성 여왕 시기에 그의 군대가 도적을 몰아내는 데 성공하자 많은 사람이 견훤의 세력하로 들어갔다. 이를 계기로 892년(진성 여왕 6년)에 무진주(지금의 전라남도 광주)를 점령하고 스스로 왕의 자리에 올랐다.

계속해서 세력을 확장한 견훤은 주변의 유력 호족들을 자신의 부하로 만들고 넓은 지역을 차지하면서 힘을 키워 나갔다. 신라 정부에 불만이 높은 농민들은 견훤을 지지하면서 그가 새로운 나라를 세워 새롭게 통치하기를 희망했다. 이에 900년 완산주(지금의 전라북도 전주)에 진출한 견훤은 그곳을 도읍으로 정하고 국호를 후백제라고 했다.

이제 한 지역의 호족이 아닌 새로운 나라의 왕이 된 견훤은 관직과 제도를 정비하여 제대로 된 나라의 모습을 갖추어 나갔다. 신라 왕실의 입장에서 견훤은 반란을 일으킨 인물이지만 그를 제압할 힘이 없었다. 오히려 후백제는 점점 막강해져서 따르는 백성이 불어나고 통치하는 땅도 넓어졌다.

신라 말기 불만을 품은 사람들 가운데에는 예전 고구려와 백제의 유민이 상당수 있었는데, 그들은 신라의 차별 정책 때문에 자신들의 생활이 더 궁핍해졌다고 생각했다. 이런 상황에서 백제의 부흥을 외치며 견훤이 후백제를 세우자, 예전 백제의 유민들은 후백제로 모여들었고 견훤과 후백제의 세력은 점차 강해졌다. 후백제는 신라를 위협하는 최대 세력으로 성장하여 이윽고 신라보다 넓은 땅을 다스리기에 이르렀다.

궁예의 후고구려 건국

후고구려를 세운 궁예는 원래 신라의 왕족이었다. 신라 제47대 왕 헌안왕의 서자인 궁예는 태어날 때 무지개를 닮은 흰빛이 지붕 위에 있었기에 불길하다고 여겨져 태어나자마자 버려졌다. 다행히 유모의 도움으로 목숨은 구했지만 유모가 실수로 손가락으로 눈을 찌르는 바람에 한쪽 눈이 멀었다고 한다.

유모와 함께 궁에서 멀리 떨어져 생활한 궁예는 자신이 왕족인지 모르고 살아갔다. 유모는 개구쟁이에 워낙 사고를 많이 치고 말썽을 부리는 궁예에게 열 살 되던 해에 출생의 비밀을 알려 주었다. 이에 궁예는 자신이 왕족이라는 사실이 알려지면 자신은 물론 유모의 목숨마저 위태로워질 것이라고 생각하고 집을 나와 절에 들어가 생활했다.

진성 여왕 5년(891년) 이후 신라 각지에서 도적이 들끓고 봉기가 발생하여 그 영향은 궁예가 머무는 절에까지 미쳤다. 결국 궁예는 절을 나와 떠돌이 생활을 했다. 그러다 신라 북부에 머물던 장수 양길을 만났는데, 양길은 궁예를 신임하여 군대를 주고 땅의 관리를 맡겼다. 그 뒤 궁예는 전쟁에서 승리하며 세력 범위를 확대해 갔다.

궁예를 따르는 무리는 3,500명 정도로, 14개 무리로 나누어 통솔할 만큼 큰 규모였다. 궁예는 넓은 땅을 통치하게 되면서 자신을 '장군'이라 부르게 했는데, 신라에서 장군 호칭을 스스로 정하여 사용한 것은 궁예가 처음이다. 궁예의 힘은 점점 커져 대표적인 호족으로 성장했다.

이렇게 궁예가 성장할 수 있었던 이유는 특별한 리더십 때문이다. 궁예는 세력을 키우는 동안 무리와 같이 생활하면서 어려움을 함께했고 일을 처리하는 데 있어 공정했다. 또한 백성들의 생활을 돌보며 어려움을 극복할 수 있게 도와주었다. 그러자 백성들은 궁예를 자신들을 구원해 줄 지도자로 여기며 따랐다.

궁예의 세력이 급성장함에 따라 다른 지역의 호족들은 자진해서 궁예에게 투항했으며, 그중에는 왕건도 있었다. 그렇다고 모든 사람이 궁예에게 호의적이었던 것은 아니다. 처음 궁예를 발탁한 양길은 불안감을 느끼고 궁예를 공격하려 했다. 이에 궁예

는 왕건을 보내 양길을 막게 했고 결국 양길은 패하여 몰락하고
말았다. 더욱 막강해진 궁예는 강원도 전 지역을 장악한 후 철원
을 도읍으로 정하고 후고구려를 세웠다.

막이 오른 후삼국 시대

통일 신라 말기 각지에서 여러 호족이 등장하여 신라에 반기를 들었다. 처음에 등장한 호족들은 각기 지역을 나누어 통치하면서 세력 다툼을 했다. 이 과정에서 힘이 약한 호족은 강한 호족에게 망하거나 스스로 투항하여 사라져 갔다. 마침내 호족들은 두 개의 큰 세력, 즉 견훤의 후백제와 궁예의 후고구려로 정리되었다.

견훤과 궁예가 각각 후백제와 후고구려를 세웠지만 신라 왕실이 완전히 몰락한 것은 아니었다. 통일 신라 땅에는 금성을 중심으로 한 신라 통치 지역과 견훤의 후백제, 궁예의 후고구려까지 세 나라가 존재하게 되었다. 이 시기가 후삼국 시대다.

고구려와 백제를 통합하여 하나의 나라로 만든 신라가 다시 셋으로 분열하여 후삼국 시대가 된 것이다. 후삼국은 새로운 통일을 위해 또다시 전쟁에 주력하게 되었다.

"너는 장차 왕이 될 운명이다", 왕건

전설에 따르면 왕건이 태어나기 전 당대 최고 승려 도선이 왕건의 집을 보며 "이곳에서 성인이 나리라" 하고는, 왕건의 아버지에게 내년에 귀한 아들을 얻을 것이라고 예언했다고 한다. 왕건이 열일곱 살 되던 해에 왕건을 찾아온 도선은 "너는 장차 왕이 될 운명이다"라고 말하고는 손수 병법과 각종 학문을 가르쳤다. 훗날 왕건은 궁예를 몰아내고 후고구려 왕이 된 후 고려를 세워 후삼국을 통일하게 되니 도선의 예언은 모두 맞은 셈이다.

왕건의 가문은 무역을 통해 부를 쌓으면서 송악 최고의 호족으로 성장하여 당시 무역의 중심지 예성강 일대에서 강화도까지 세력 기반을 구축했다. 왕건의 아버지가 궁예에게 투항했기에 왕건도 궁예의 휘하에 들어가게 되었지만, 사실 송악 일대에서는 궁예보다 왕건의 입지가 더 단단했다.

이 때문에 궁예는 후고구려를 세울 때 송악이 아닌 철원으로 도읍을 정했다. 하지만 훗날 궁예를 몰아내고 왕위에 오른 왕건은 도읍을 다시 송악으로 옮겼다.

당의 멸망과 5대 10국 시대의 개막
그리고 유럽의 메르센 조약

신라가 삼국으로 분열되고 다시 전쟁을 하게 된 때와 비슷한 시기에 공교롭게도 중국과 유럽 역시 분열과 전쟁이 발생했다.

먼저 중국의 당나라를 보자. 당나라는 역대 중국 왕조 가운데 가장 넓은 땅을 통치하며 번영을 누린 나라다. 그런데 땅이 너무 넓다 보니 통치에 어려움이 있었을 뿐만 아니라 끊임없이 이민족의 침략에 시달려야 했다. 이에 국경을 방어하고 원활하게 지방을 다스리기 위해 국경 지역에 '절도사'라는 군인들을 배치했다.

절도사는 자신이 통치하는 지역의 군사권과 행정권을 갖고 있으면서 이민족의 침략을 막고 동시에 지역 주민들로부터 수취를 거두어들여 중앙 정부에 전달하는 역할을 했다. 절도사 덕분에 당나라는 이민족의 침략 방어와 지방 행정 두 가지를 효과적으로 운영할 수 있었다. 하지만 왕이 아닌 사람이 마음대로 부릴 수 있는 군대를 갖고 있다는 것은 언제든 반란을 꾀할 수 있다는 뜻이고, 실제 안사의 난을 일으킨 안녹산도 절도사 출신이다.

안사의 난 이후 당의 정치는 무너졌고 백성들의 삶은 도탄에 빠졌다. 또한 지방의 절도사들은 백성들로부터 과도한 세금을 걷어 자신의 배를 채우기에 급급했다. 이러한 절도사들의 횡포는 당나라에 큰 위험 요소였다. 그러나 정작 당나라를 진짜 위기에 빠뜨린 것은 황소의 난이다. 소금 밀매업자 왕희지와 황소는 과도한 세금에 불만을 품고 반란을 일으켜 당나라 수도 장안마저 차지했다.

황소의 난은 황소의 부하였다가 배신한 주전충과 돌궐에서 망명한 이극용의 활약으로 평정되었다. 하지만 황소의 난은 당의 무력함을 고스란히 드러낸 사건이다. 당나라가 쇠약하다는 사실이 만천하에 드러나자 절도사들의 대규모 반란이 속출했다. 게다가 황소의 난을 진압한 주전충은 자신이 황제가 되어야겠다는 생각에 당나라 황제를 협박했고, 마침내 황제가 주전충에게 황제 자리를 양위하면서 당나라는 우습게 무너져 버렸다.

황제가 된 주전충은 나라 이름을 후량으로 바꾸고 새로운 통치를 하려 했으나, 사람들은 황소의 부하이던 주전충을 황제로 인정하지 않았다. 심지어 주전충이 황제라면 자신도 황제가 될 수 있겠다는 생각에 황제 자리를 노리는 사람들이 생겨났다. 결국 당나라가 망한 907년부터 979년까지 수도 장안에는 무려 다섯 개 왕조(후량, 후당, 후진, 후한, 후주)가 난립했다. 이를 '5대'라고 부른다.

한편 지방에서는 절도사들이 각자 나라를 세우고 땅을 나누어 통치했는데 그 수가 무려 열 개나 되어 이를 '10국'이라고 한다. 즉 수도 장안을 중심으로 한 중앙에서는 다섯 왕조가 번갈아 들어서고 지방에서는 땅을 나누어 국가 열 개가 서로 전쟁을 하는 시대가 된 것이다. 이를 '5대 10국 시대'라고 하며 이 혼란은 60여 년 동안 지속되었다.

비슷한 시기 유럽에서도 나라가 분열되는 일이 있었는데 그 나라는 프랑크 왕국이다. 프랑크 왕국은 서로마 멸망 후 유럽에 세워진 나라 가운데 가장 강한 나라였고, 전성기를 이끈 카롤루스 대제는 로마 교황으로부터 서로마 황제의 대를 잇는 왕으로 인정받기까지 했다. 카롤루스 대제에 이어 그의 아들 루트비히 1세가 왕위에 올랐고 그때까지만 해도 프랑크 왕국은 영원할 것처럼 보였다. 그러나 루트비히 1세가 죽자 그의 세 아들은 서로 더 많은 땅을 갖기 위해 싸우다가 베르됭 조약(843년)을 맺고 나라를 셋으로 나누었다. 이때 나뉜 나라를 각각 동프랑크, 서프랑크, 중프랑크라고 부른다.

분열과 전쟁은 여기에서 끝나지 않았다. 중프랑크를 이어받은 루트비히 1세의 첫째 아들 로타르 1세는 중프랑크를 다시 세 아들에게 분할 상속했다. 그런데 로트링겐(프랑스어로는 로렌이라고 부른다) 지역을 물려받은 둘째 아들이 후계자 없이 사망하자, 그 땅을 동프랑크와 서프랑크가 서로 가지려 했고 그 과정에서 전쟁의 위험까지 겪게 되었다. 다행히 협상을 통해 그 땅을 두 나라가 나누어 갖기로 합의했는데 이때 맺은 조약이 메르센 조약(870년)이다. 이로 인해 원래 중프랑크 땅의 일부이던 라인강 유역을 동프랑크와 서프랑크가 나누어 갖게 되었다.

이후에도 크고 작은 영토 조정이 이루어져 메르센 조약으로 형성된 동프랑크는 독일이, 서프랑크는 프랑스가 되었다. 그리고 중프랑크는 이탈리아가 되었다. 즉 프랑크 왕국의 분열로 오늘날 서유럽의 대표 국가인 독일, 프랑스, 이탈리아가 세워진 것이다.

이처럼 9세기 후반부터 10세기 초반까지는 공교롭게도 우리나라, 중국, 유럽 모두 분열과 전쟁, 혼란의 시기를 경험했다. 그러나 이런 어려움을 이겨 내고 정체성을 확립해 가는 과정 속에서 국가와 민족이라는 개념이 형성되었고 그것이 오늘날까지 이어진다고 볼 수 있다.

궁예는 정말 사람의 마음을 읽을 수 있었을까?

역사적 위인들의 이야기에는 일반 사람에게는 없는 특별한 일화가 많이 나온다. 알에서 깨어난다거나 동물들의 도움으로 강을 건너 목숨을 구한다거나 어려서부터 총명하여 어른들도 깨닫지 못한 사물의 속뜻을 알아맞힌다거나 하는 이야기들은 사실에 바탕을 두고 있기는 하지만, 영웅의 모습을 돋보이게 하기 위해 후대 사람들이 과장해서 기록하거나 아예 지어 낸 것들이 대부분이다. 그런데 특이하게도 스스로 자신의 독특한 능력을 과시한 인물이 있으니 바로 궁예다. 과연 궁예에게는 어떤 능력이 있었을까?

궁예가 자신을 미륵불이라 여긴 까닭

불교에는 미륵 신앙이라는 믿음이 있다. 미륵불이 중생을 구하러 세상에 올 것이라는 믿음인데, 미륵불은 석가모니가 세상을 떠난 후 56억 7천만 년 되는 해에 나타난다고 한다.

과학자들이 밝혀낸 바에 따르면 현재 지구의 나이는 약 46억 년이고 그중 인류의 탄생은 약 300만 년 전, 멀리 보면 약 700만 년 전까지 거슬러 올라간다. 그러나 지구 나이에 인류 탄생 시기를 비교해 보면, 지구 나이가 어마어마하게 많다는 사실을 알 수 있다. 지구 나이 46억 년을 1년으로 환산했을 때 인류의 탄생은 1년 중 가장 마지막 날인 12월 31일 밤 11시 55분에 이루어진 것이나 마찬가지라고 하니 말이다.

우리는 원시 인류의 탄생을 아주 먼 옛날이라고 생각하지만, 지구 나이 46억 년에 비하면 아무것도 아닌 셈이다. 그런데 미륵불은 석가모니가 세상을 떠난 후 56억 7천만 년 후에 온다고 하니 지구 나이보다도 더 긴 시간을 기다려야 한다. 대체 그게 언제일까? 과연 그때까지 인류가 존재하기는 할까?

아무튼 이렇게 오랜 시간을 기다린다는 것은 매우 어려운 일이다. 그래서인지 미륵불과 관련한 또 하나의 믿음이 있다. 세상살이에 지친 중생이 미륵불이 오기를 간절히 바라면 그렇게 기나긴 시간을 기다리지 않아도 중생의 바람을 저버리지 못해 미륵불이 이 세상에 내려온다는 믿음이다. 즉 미륵불은 언제든 세상에 내려올 수 있다는 뜻이다. 이런 믿음 때문인지 스스로 미륵이라고 자처하는 사람들이 종종 등장했고 그중 한 사람이 궁예다.

《삼국사기》에 따르면 궁예는 자신이 미륵불이라며 머리에 금빛 고깔을 쓰고 몸에 방포를 두르고 다녔다고 한다. 또한 맏아들을 청광 보살, 막내아들을 신광 보살이라 하며 신성시했고 외출할 때마다 백마를 탔다. 당연히 궁예는 미륵불일 리가 없는데 왜 자신을 미륵불이라 칭하며 특별하게 여겼을까?

궁예는 나라를 다스리기 시작한 초창기 백성의 고통과 기쁨을 함께하는 '동고동락', 치우침이 없고 공평한 통치인 '공평무사'를 실천하고자 노력했다. 하지만 권력이 강해지고 통치 지역이 넓어지면서 더 큰 힘을 갖고자 욕심을 부렸고 그 욕심은 궁예의 정치를 포악하게 만들었다. 어지러운 신라에서 넘어오는 사람들을 모조리 죽이고 백성을 돌보기보다 자신의 통치에 반대하는 사람들을 잡아들이는 일에 몰두했다.

그러자 백성들의 마음은 돌아섰고 궁예의 곁을 떠나는 호족이 하나둘 생겨났다. 정치 기반이 흔들리자 궁예는 자신이 다른 정치인과 달리 특별한 존재, 나아가 신적 존재임을 강조했다. 그래서 스스로 미륵불이라고 주장하며 사람들이 자신을 섬기게 만들려고 한 것이다.

궁예의 관심법

자신이 미륵이라고 주장한 궁예가 보여 준 신통한 능력은 관심법이다. 관심법이란 마음을 볼 수 있는 능력으로 상대방이 말하지 않거나 진실을 숨겨도 훤히 꿰뚫어 볼 수 있다는 뜻이다.

백성들은 점차 궁예를 싫어하고 호족들도 등을 돌리자 궁예의 부인 강 씨는 왕이 옳지 못한 일을 하여 그런 일이 벌어진 것이라고 충언했다. 그러자 궁예는 부인이 다른 남자를 좋아하여 그런 말을 한 것이라 여겼다. 부인 강 씨가 다른 남자를 좋아한다는 증거는 없었으나, 궁예는 자신은 관심법을 쓰기 때문에 부인의 마음이 들여다보인다고 하면서 부인을 죽였다고 한다.

또 어느 날은 반역을 꾀하고 있다면서 왕건을 추궁했다. 궁예가 가장 신뢰하는 신하 왕건에게는 반역할 마음이 전혀 없었다. 왕건은 결백을 주장하려고 했다. 그때 최응이라는 사람이 왕건에게 궁예의 관심법 이야기를 하며 일단 인정하라고 일러 주었다. 이에 왕건이 궁예의 관심법에 놀라는 척하며 반역을 꾀한 것에 용서를 빌자 궁예는 정직함을 칭찬하며 상을 내렸다.

궁예는 누구에게나 관심법을 들이대며 상대방의 잘못을 지적했고, 상대방이 인정하지 않으면 그 사람을 처벌했다. 실제로 궁예는 자신의 폭정과 잘못을 지적하는 석총이라는 승려를 철퇴로 죽였다. 심지어 자신은 세상을 구하러 온 미륵불이며 부처의 능

력을 지닌 살아 있는 부처라면서 불경 20여 권을 집필했다.

비참한 최후를 맞이한 궁예

궁예가 나라를 세우고 신라와 후백제에 맞설 수 있었던 배경에는 백성을 생각하는 통치와 여러 호족의 도움 그리고 승려들의 지지가 있었다. 어린 시절 절에서 생활한 경험이 있는 궁예는 불교와 승려를 특별하게 대우했고, 이런 정책은 승려들의 호응과 지지를 얻는 데 도움이 되었다. 하지만 스스로 미륵불이라고 주장하고부터는 백성의 어려움을 보살피기보다는 백성들이 자신을 부처로 여기고 무조건 숭배하기만을 바랐다. 또한 관심법으로 통치한다면서 마음에 들지 않는 부하나 호족 죽이기를 일삼고 충언하는 승려는 가차 없이 처벌했다. 이런 일이 반복됨에 따라 사람들은 궁예에게 등을 돌렸다. 점차 자신의 편이 없어지게 된 궁예는 더더욱 관심법을 내세워 툭하면 사람들을 죽였다.

궁예의 폭정이 날이 갈수록 도를 더해 가자 일부 사람들은 궁예를 몰아내고 새 지도자를 세우려 했다. 그때 떠오른 인물이 왕건이다. 왕건은 성품이 온화하고 현명할 뿐 아니라 지방 호족들과 관계가 좋아 여러 호족을 포용하기에 적합한 인물이었다.

918년 6월 홍유, 배현경, 신숭겸, 복지겸 등은 왕건을 찾아가 포악한 임금을 몰아내고 어진 임금을 세우는 것이 천하의 도리라면서 함께 궁예를 몰아내고 왕이 되어 달라고 간청했다. 궁예의 통치에 문제가 있기는 해도 자신을 아끼고 인정해 주는 궁예를 축출하는 일에 왕건은 선뜻 나설 수가 없었다. 그러나 이 또한 하늘이 자신에게 준 기회이고 백성을 위한 도리라는 생각에 반란을 결심한 왕건은 사람들을 이끌고 궁예를 몰아내는 일에 앞장섰다. 일부 기록에는 이때 궁궐 앞에 1만여 명이 넘는 사람들이 기다리고 있다가 왕건의 반란을 지지했다고 쓰여 있다.

지지자도 잃고 신임도 잃은 궁예는 궁에서 쫓겨나 홀로 도망쳐 지금의 경기도 포천시 명성산에 잠시 은신했다. 궁예는 산속에서 먹을 것을 구할 수 없어 몰래 마을로 내려와 보리 이삭을 잘라 먹다가 들켜서 성난 농민들에게 잡혀 맞아 죽었다고 한다.

새로운 나라 고려를 세운 왕건

이로써 왕건은 궁예를 쫓아내고 새로운 왕이 되었다. 하지만 여전히 궁예를 따르는 사람들이 있었고 왕건이 왕이 되는 데 반대하는 사람들도 있었다. 이에 어떤 사람들은 반란을 일으키고 또 어떤 사람들은 후고구려를 떠나 후백제로 갔다.

다행히 반란이 일어날 때마다 왕건은 지지자들의 도움으로 진압했고, 자신의 즉위에 반대하던 사람이 마음을 바꾸어 찾아오면 인정하고 받아 주어 자기편으로 만들었다. 또한 왕건은 지속적으로 백성들의 생활을 돌보면서 민심을 얻는 데에도 성공했다. 한편 후고구려의 수도 철원은 궁예의 근거지로 궁예를 지지하는 사람들이 많이 모여 있는 곳이었다. 이에 왕건은 원래 자기 집안의 힘이 강하던 송악으로 도읍을 옮기고 나라 이름을 '고려'로 바꾸었다.

이렇게 고려는 건국되었지만 삼국을 통일하기 위해서는 많은 과제를 해결해야 했다. 나라를 안정적으로 정비하고 북쪽에서 성장한 거란족의 침략에도 대비해야 했다. 무엇보다 견훤이 이끄는 후백제와의 싸움에서 주도권을 잡아 나가는 것이 시급했다.

후백제와 신라는
어떻게 망했을까?

신라의 힘이 약해지고 후백제와 후고구려가 성립하면서 시작된 후삼국 시대는 30년 넘게 지속되며 이 기간 내내 각국의 힘겨루기는 끊임없이 이어졌다. 세 나라는 서로 주도권을 쥐고 분리된 나라를 통일하고자 애썼으나 최종적으로 후삼국을 통일한 나라는 고려다. 과연 고려는 어떤 과정을 거쳐 후삼국을 통일하게 되었을까?

신라, 후백제, 고려의 불안한 관계

후고구려를 세운 궁예는 후백제의 견훤과 가까이 지내면서 신라를 견제했다. 궁예와 견훤은 모두 지방 호족 출신으로 신라에 반대하는 세력이었기에 두 사람이 가까이 지내는 것은 어찌 보면 당연했다. 하지만 서로 속셈은 다른 데 있었다.

신라는 지방 호족이건 반란 세력이건 국가에 도전하는 어떤 세력도 진압하지 못할 정도로 허약해져 있었다. 각지에서 농민 봉기가 이어지고 도적 떼가 들끓어도 신라는 이들을 막아 내지 못했다. 즉 신라는 약해질 대로 약해져서 가까스로 국가 형태만 유지하고 있는 이빨 빠진 호랑이에 불과했다.

이런 신라가 후백제와 후고구려를 무너뜨리고 후삼국을 통일한다는 것은 사실상 불가능했다. 후삼국을 통일할 수 있는 나라는 후백제와 후고구려로 압축되었다. 그러다 보니 후백제와 후고구려는 일단 신라를 몰락시키고 나서 두 나라가 경쟁하여 통일을 이루려는 계산을 할 수밖에 없었다. 즉 신라를 붕괴시키려는 공통된 목표가 있었기에 두 나라의 친선 관계가 유지된 것이다.

그러나 후백제와 후고구려의 이러한 관계는 궁예가 죽고 왕건이 즉위하여 고려를 세우면서 달라졌다. 견훤은 왕건이 궁예의 뒤를 이어 후백제와 친하게 지내기를 바라면서 즉위하자마자 사신을 보내 축하하고 선물을 주었다. 그러나 왕건은 후백제가 아닌 신라와의 친선 관계를 택했다.

사실 왕건이 신라와 친하게 지내려는 것은 위험한 선택일 수 있었다. 우선 신라는 왕건과 고려를 신뢰하지 않았다. 사신을 보내 왕건이 고려 왕이 된 것을 축하한 후백제와 달리 2년이 지나서야 사신을 보낸 것만 보아도 고려를 대하는 신라의 자세를 짐작할 수 있다.

게다가 신라는 힘이 매우 약했다. 가까이 지낸다고 해도 신라가 고려에 도움을 줄 것은 거의 없었다. 오히려 고려가 신라를 도와야 하는 상황이었다. 실제로 927년 팔공산 전투에서 왕건은 신라를 도우러 출병했다가 견훤에게 공격을 당해 가까스로 목숨만 건진 채 도망쳤다.

상황이 이런데도 왕건이 후백제가 아닌 신라를 택한 것은 먼 훗날을 위한 대비였다. 군사력만 볼 때 신라가 후백제나 고려와 비교해 형편없이 약한 것은 사실이나, 무작정 신라를 얕잡아 볼 수는 없었다. 신라에게는 아직 믿고 따르는 수많은 백성, 부와 권력을 가진 지배 집단, 1천 년을 이어 온 문화유산이 있었다. 다시 말해 신라의 힘이 쇠했다고는 하나 1천 년 동안 지속된 나라가 갖고 있는 전통과 저력은 이제 막 나라를 세운 후백제와 고려가 따라갈 수 없는 것이었다.

왕건은 후삼국을 통일하고 한반도의 통치자가 되었을 때 더 이상 반란자가 아닌 모두가 인정하는 왕이 되기를 원했다. 이를 위해서는 신라의 도움이 필요했다. 1천 년을 이어 온 신라 왕실이 왕건을 인정한다면 고려는 신라의 정통성을 이어받는 것이고, 이는 후백제와의 관계에서 절대 얻을 수 없는 것이었다. 이런 까닭에 왕건은 신라와의 친선 관계를 택했고, 힘이 약해 여기저기에서 두들겨 맞던 신라 입장에서 왕건의 도움은 한 줄기 빛처럼 고마운 것이었다.

왕건의 선택으로 후삼국 시대 세 나라는 고려와 신라 대 후백제의 구도로 재편되었다. 하지만 쇠약한 신라가 대결 상황에서 할 수 있는 일은 거의 없었다. 즉 싸움의 승자가 누가 될 것인가는 후백제와 고려의 전쟁에서 결정 나게 되어 있었다.

아버지와 아들의 분열이 불러온 후백제의 멸망

고려와 후백제가 전투를 치르는 동안 때로는 고려가, 때로는 후백제가 이기면서 호각세를 이어 갔다. 그러나 전쟁에서 이기기 위한 전략 면에서 고려의 왕건은 후백제의 견훤을 압도했다.

왕건은 군사를 남해안으로 보내 후백제의 남쪽을 점령했는데, 후백제는 이 때문에 고려에 의해 교란당했을 뿐만 아니라 우호 관계에 있던 일본과의 교류에도 큰 타격을 입었다. 또한 고려는 서해안을 점령하여 후백제와 중국의 교류까지 저지했다. 후백제를 고립시킨 왕건은 남진 정책을 펼쳐 후백제의 북부 지역을 공격했다. 이로써 후백제는 고려 군대에게 포위당한 형세에 놓이게 되었다.

한편 견훤은 고려의 남진 정책에 맞서 동진 정책을 펼쳤다. 오늘날의 경상북도 상주와 안동 지역을 점령하여 고려의 포위망을 뚫고 신라 지역 일부를 차지함으로써 전쟁에서 승리하려는 계획을 세운 것이다. 이에 후백제와 고려는 상주, 안동, 합천, 진주 등지에서 큰 전투를 벌였다. 전쟁 초반 후백제는 공산(지금의 대구) 전투에서 승리하며 승기를 잡는 듯했으나, 930년 안동과 고창에서 고려군이 연이어 승리하면서 전세는 급격히 고려 쪽으로 기울어 갔다.

설상가상으로 후백제 내에서는 권력 다툼이 벌어졌다. 견훤은 호족들을 자기편으로 끌어들이고자 호족의 딸들과 결혼했고, 그러다 보니 자연스레 부인과 아들을 여럿 두었다. 견훤은 여러 아들 가운데 넷째 아들인 금강을 총애하여 자신의 후계자로 삼으려 했으나, 금강의 형들은 이에 불만을 품었다. 세 형과 금강은 어머니가 달라 이들은 허울만 형제일 뿐, 서로 사이가 좋지 않았다.

금강의 형들 중 장남 신검의 불만이 가장 컸다. 신검은 장남인 자신이 당연히 아버지 견훤의 뒤를 이어 왕이 되어야 한다고 생각하여, 금강을 후계자로 선택한 아버지의 결정을 받아들이지 않았다. 결국 신검은 정변을 일으켜 아버지 견훤을 왕위에서 몰아내고 동생 금강을 죽이고 말았다. 그리고 왕위에 오른 뒤 견훤을 금산사에 가두었다.

금산사에 석 달 동안 갇혀 있던 견훤은 몰래 빠져나와 고려로 도망쳤다. 아들의 배신에 놀란 견훤은 왕건에게 도움을 청했고, 이런 견훤을 왕건은 흔쾌히 받아들였다. 얼마 전까지 적이었던 두 사람은 힘을 모아 신검이 이끄는 후백제를 공격했다. 후백제는 고려에 맞서 싸웠지만 고려군의 공격을 막아 내지 못하고 무너졌다. 한때 견훤의 뛰어난 정치력을 바탕으로 백성의 지지를 얻으며 강력한 국가로 성장하던 후백제는 아버지와 아들의 분열로 힘이 약해지면서 역사에서 사라졌다. 후백제의 멸망으로 라이벌을 무너뜨린 고려는 이제 명실상부한 최강자의 위치에 서기에 이르렀다. 비록 아직 신라가 남아 있기는 하나 신라는 고려의 상대가 되지 못했다.

고려에 투항한 신라

왕건이 친신라 정책을 펼친 이후 신라는 군사적으로 고려에 의지할 수밖에 없었다. 후백제가 신라를 공격했을 때는 물론이고 동해안을 통해 신라를 공격하는 북방 민족의 침략 역시 고려가 앞장서서 막아 주었다. 게다가 왕건은 신라의 왕을 극진히 예우했기에 신라는 고려를 고맙게 생각했다.

하지만 언제까지나 고려에 기대어 살 수 없다는 사실을 신라

경상남도 하동군 경천묘에 있는 경순왕 어진. 고려에 국권을 넘겨서인지 그림 속 경순왕은 신하의 예를 갖출 때 사용하는 홀을 쥐고 있다(그림 11).

는 잘 알고 있었다. 신라의 마지막 왕 경순왕은 이대로 허수아비 왕으로 남아 있느니 고려 왕건에게 항복하는 편이 낫다고 생각했다. 문제는 그 시기가 언제인가인데 견훤이 아들의 배신으로 왕건에게 투항한 후 후백제가 멸망하자 경순왕은 같은 해에 고려에 투항했다.

1천 년 역사를 지닌 신라가 무너지는 순간이자, 신라에 친선 정책을 펴 온 왕건으로서는 피 흘리지 않고 신라가 지닌 정통성을 그대로 떠안는 순간이었다.

후삼국을 통일한 고려

후백제를 정복하고 신라의 항복을 받아 낸 고려는 936년 마침 내 후삼국을 통일하고 한반도의 통일 국가로 우뚝 섰다. 후삼국 통일이라는 대업을 견훤이나 궁예가 아닌 왕건이 이루어 낼 수 있었던 데에는 여러 이유가 있겠지만, 왕건의 포용 정책을 빼놓을 수 없다. 궁예가 신라를 적대시한 나머지 신라에서 넘어온 사람들을 학살한 것과는 달리 왕건은 적이었던 사람이라도 투항하면 자신의 편으로 받아들였다.

오랫동안 라이벌이던 견훤이 투항하자 왕건은 견훤을 상보(왕이 아버지처럼 존경하는 신하)라고 부르며 극진히 대접했고, 신라 경순왕 역시 항복 후에도 계속 권위를 유지할 수 있게 했다. 또한 경순왕의 조카딸과 결혼함으로써 왕건은 경순왕을 장인으로 대접하며 우호 관계를 이어 나갔다.

이처럼 왕건은 적마저 끌어안는 넓은 아량과 전쟁에서 승리할 수 있는 우수한 전략을 가지고 후백제와 신라를 차례로 흡수하며 후삼국을 통일했다. 이제 한반도에서는 신라의 역사가 막을 내리고 고려의 역사가 열렸다.

사치와 향락의 상징 포석정과 월지

통일 신라 말기 신라의 힘이 급격히 쇠약해진 가장 큰 원인으로는 진골 귀족 간 왕위 쟁탈전을 들 수 있다. 즉 정치가 몰락한 것이다. 그런데 이런 정치적 혼란 속에서도 신라 왕실의 사치와 향락은 그치지 않았는데, 이를 보여 주는 대표적 유적지가 포석정과 월지(안압지)다.

포석정

경주 포석정지. 연회를 열던 장소로 신라 제49대 헌강왕 때 조성된 것으로 추정된다. 현재는 물길만 남아 있는데 그나마 일제 강점기에 임의로 보수하여 원래의 모습이 아니다(그림 12).

사적 제1호로 지정되어 있는 포석정은 신라 시대에 경주에서 열리는 연회를 위해 만든 것으로, 시냇물을 끌어들여 쌓아 놓은 돌을 따라 물이 흐르도록 만든 도랑이다.

귀족들은 도랑 둘레에 모여 앉아 흐르는 물 위에 잔을 띄우고 잔이 한 바퀴 돌아 다시 자신에게 올 때까지 시를 짓는 놀이를 하는 등 화려한 연회를 열었다. 연회는 전쟁이 한창인 후삼국 시대에도 이어져서 신라 경애왕은 이곳에서 연회를 벌이던 중 후백제의 공격을 받아 죽었다.

월지

경주 월지. 통일 신라 시기 문무왕 때 674년에 축조된 연못으로, 연못은 바다를 상징하며 세 개의 섬은 신령스러운 산인 봉래, 방장, 영주를 상징한다(그림 13).

《삼국사기》에 따르면 문무왕 때 궁성 안에 연못을 파고 그 흙으로 산을 만들어 꽃과 동물을 길렀다고 하는데, 그 연못이 바로 월지다. 월지는 왕실의 사치스러운 생활을 보여 주는 것이라 여겨 신라가 멸망하자 연못을 흙으로 메워 버려 그 흔적을 찾을 수가 없었다. 그러다 1974년 월지 터가 발견되었고, 이후 발굴 작업을 통해 신라 시대의 수많은 유물이 나왔다.

현재는 예전 월지의 모습이 복원되어 동서 200미터, 남북 180미터 크기의 원형 연못이 있고 그 연못 안에는 크고 작은 섬이 세 개 있다.

고려는 후삼국을 통일하며 분열되었던 한반도에서 새로운 통일 국가로 발돋움했다. 하지만 이전에 통일 신라가 삼국을 통일한 것과 고려가 후삼국을 통일한 것은 비슷한 듯하면서 다른 점이 많다. 과연 어떤 점이 달랐을까?

우리나라 최초의 진정한 통일 국가 고려

676년 신라는 고구려와 백제를 제압하고 통일 국가가 되었다. 그러나 신라의 통일은 완전한 것이 아니었다. 당나라의 도움을 받아 이룬 통일이었기에 당나라에 대가를 지불해야 했고 그 대가는 고구려 땅이었다. 그로 인해 통일 신라가 차지한 땅은 대동 강에서 원산만 이남 지역으로, 예전 고구려 땅 대부분은 사실상 당나라의 것이 되었다.

고구려 사람들은 당나라의 지배에 반기를 들고 북방 민족인 말갈족과 손잡고 발해를 세웠다. 통일 신라는 삼국을 통일했지만 삼국 땅의 절반만을 통치하고 나머지는 발해가 통치하게 된 것 이다. 이런 이유로 통일 신라와 발해로 나뉘었던 시기를 남북국 시대라고 부른다. 즉 통일 신라가 지배한 남북국 시대에 우리나 라는 하나의 나라로 완전하게 통일된 것이 아니라 분열되어 있 었던 것이다.

그러나 고려의 후삼국 통일은 그 의미가 달랐다. 고려는 단순 히 셋으로 나뉜 나라를 통일하기만 한 것이 아니다. 왕건이 고려 를 건국하고 후삼국 세 나라가 각축전을 벌일 때, 북쪽의 발해는 거란족에 멸망하고 말았다. 이때 발해의 유민이 고려로 들어왔고 왕건은 이들을 받아들였다. 고려는 후삼국만이 아니라 발해까지 포용하여 세워진 우리나라 최초의 진정한 통일 국가인 셈이다.

거란에게 멸망한 발해

그렇다면 발해는 어떻게 멸망하게 되었을까? 해동성국이라 불 릴 정도로 발전한 나라였기에 발해의 갑작스러운 멸망에 여러 추측이 있다. 화산 폭발로 인한 자연재해, 지배층의 분열 및 고려인과 말갈족의 갈등 때문이라는 설이 있으나, 공식적인 원인은 거란족의 침략이다.

발해는 제10대 선왕(재위 818~830년) 때 전성기를 누리며 대내외적으로 발전했지만 선왕 사후 급격히 세력이 약해졌다. 그러자 그동안 숨죽여 지낸 주변 민족들이 성장하기 시작했고, 그중 가장 빠른 성장세를 보인 민족이 거란족이다. 거란은 당나라의 정치가 혼란해지고 발해가 약해지자 그동안 흩어져 있던 부족을 모아 세력을 키워 나갔다. 그들의 최종 목표는 중국을 지배하는 것이었는데, 그러기 위해서는 먼저 중국 편이 될 수 있는 발해부터 없애야 했다.

마침내 거란은 926년 발해를 공격했다. 발해는 거란의 공격을 막아 내지 못하고 제15대 왕 대인선을 끝으로 멸망하고 말았다.

통일 국가 고려의 탄생이 가지는 의미

발해가 멸망한 후 발해의 지배층이던 고구려 사람들은 같은 민족의 나라인 고려로 하나둘씩 들어오기 시작했다. 그리고 왕건은 그들을 내치지 않고 받아들였다. 왕건은 같은 민족이라는 이유로 발해 유민을 수용했고 이로써 고려는 우리 민족의 진정한 통일 국가가 되었다.

이처럼 고려는 민족 통일을 이루었지만 아쉬움이 있다. 발해가 거란족에 멸망함으로써 우리 민족이 지배하던 만주를 잃어버렸기 때문이다. 만주는 고조선과 고구려를 거쳐 발해에 이르기까지 우리 민족이 다스려 온 우리 땅인데, 발해가 망하여 그 지역을 차지하지 못하게 됨에 따라 만주 땅에서의 우리 역사는 막을 내리게 되었다.

영토 면에서는 아쉬움이 남지만 그 밖의 측면에서 고려의 건국과 통일은 여러 가지로 의미 있는 일이다. 무엇보다 분열되어 있는 나라를 통일하여 정치와 경제에서 하나로 집중된 발전을 이룰 수 있었다. 삼국 시대나 남북국 시대에는 나라가 나뉘어 있다 보니 같은 민족임에도 끊임없이 견제해야 했고 그 과정에서 국력 낭비가 컸다. 하지만 이제 하나의 국가가 되었기에 그런 쓸데없는 낭비는 더 이상 필요치 않았다.

문화 면에서도 고려의 성립은 큰 역할을 했다. 통일 신라와 발해의 문화가 결합하여 이전 시기와는 다른 독특한 문화가 탄생하기에 이르렀다. 사회적으로는 신라의 골칫거리이던 골품제를 폐지하여 혈통 위주의 차별을 줄임으로써 사회 통합을 이루는 데 기여했다.

그때 세계는

동아시아 판도를 뒤흔든 요나라

우리나라와 중국의 북쪽에는 수많은 유목 민족이 살고 있었다. 유목 민족은 여기저기 돌아다니면서 목축을 하며 사는 민족을 가리키며, 우리 역사 속에 자주 등장하는 유목 민족으로는 거란족·여진족·몽골족·돌궐족 등이 있다.

유목 민족은 왜 돌아다니면서 목축을 할까? 유목 민족들이 사는 지역은 농사짓기에 적합한 땅이 아닐뿐더러 날씨 또한 추워서 농사를 지을 수가 없다. 그래서 이들은 가축을 키우면서 살아야 하며 가축이 더 이상 뜯어먹을 풀이 없으면 다른 지역으로 이동해야 하는 것이다.

그렇다면 농사와 목축 중 어느 쪽이 더 생활하기에 편할까? 다양한 장단점이 있겠지만 농사는 한곳에 정착하여 생활할 수 있는 반면, 유목은 계속 이사를 다녀야만 한다. 그러다 보니 유목 민족들은 우리나라나 중국처럼 농사가 가능한 지역을 차지하고 싶어 했고, 그 과정에서 농경 민족과 유목 민족 간에 전쟁이 벌어지는 경우가 있었다.

하지만 유목 민족이 농경 민족을 이기기는 쉽지 않았다. 유목 민족은 항상 돌아다니다 보니 소규모 부족끼리 이동하는 경우가 대부분이고 여러 부족으로 나뉘어 있어 힘이 분산되었다. 이런 유목 민족도 때로는 강력한 국가를 형성했는데 위대한 지도자가 등장하거나 농경 민족의 힘이 약해질 때다.

이 두 조건이 맞아떨어져 세워진 나라가 거란족이 세운 요나라다. 거란족의 부족 지도자 야율아보기는 강력한 군사력과 리더십을 바탕으로 거란족을 통합해 나갔다. 그런데 때마침 중국에서는 당나라가 멸망 직전에 이르며 쇠약해졌다. 이에 야율아보기는 907년 거란족을 통합하여 나라를 세우고 916년 황제 자리에 올랐다. 922년에는 고려에 사신을 보내 조공을 요구했으며 926년에는 발해를 멸망시켰다. 갑자기 세워진 요나라였지만 그 힘이 막강하여 동아시아 전체의 판도를 흔들어 놓을 정도였다.

요나라의 힘이 얼마나 대단한지를 보여 주는 좋은 사례가 있다. 907년 당나라가 망하고 장안에 세워진 나라 중 두 번째 왕조인 후당의 군인 석경당은 황제와 사이가 벌어지자 반란을 일으켰다. 그런데 반란이 실패 위기에 놓인 석경당은 요나라에 도움을 요청했다. 당시 요나라는 야율아보기의 아들 야율덕광이 통치하던 시기로, 석경당은 자신보다 열 살이나 어린 야율덕광을 아버지라 부르며 중국 땅 연운 16주를 요나라에 바쳤다.

연운 16주는 중국 북쪽의 16개 주를 말하는데, 여기에는 현재 중국의 수도인 베이징이 포함되어 있을 정도로 중요하면서도 넓은 땅이었다. 그런 땅을 넘겨받은 요나라는 석경당을 도와 후당을 물리쳐 주었고, 석경당은 새로운 나라인 후진을 세워 황제가 되었다. 석경당으로서는 황제가 되는 꿈을 이루었지만 중국으로서는 수치스러운 일이 아닐 수 없었다. 요나라 황제의 아들 노릇을 하는 석경당이 중국 안에 후진을 세웠으니 요나라가 아버지, 중국이 아들이 된 셈이었다.

석경당의 뒤를 이어 황제가 된 석경당의 조카 석중귀는 이에 불만을 품고 요나라 섬기기를 거부했다. 그러자 요나라는 석중귀가 다스리는 후진과 전쟁을 벌였고, 후진은 요나라에 의해 멸망당했다.

이처럼 전성기의 요나라는 넓은 땅을 보유하고 있었을 뿐만 아니라 중국의 왕조 교체조차 마음먹은 대로 할 수 있었다. 요나라 때문에 중국, 우리나라의 고려와 발해까지 어려움을 겪은 것을 보면 당시 요나라의 힘이 어떠했는지 짐작할 수 있다. 이후 요나라는 200여 년 동안 지속되다 1125년 금나라와 송나라의 연합군에게 멸망당하고 말았다.

제3장

고려, 우리 민족이
마침내 하나가 되다

왕건은 왜 부인을
29명이나 두었을까?

고려는 후삼국을 통일하고 발해 유민을 흡수해 한반도의 단하나뿐인 통일 국가가 되었으며, 왕건은 유일한 왕으로서 나라를 통치했다. 이렇게 고려는 후삼국 시대의 혼란을 정리하고 통일을 이루었지만 모든 문제가 해결된 것은 아니었다. 고려는 여전히 어지러운 상황이고 풀어야 할 많은 숙제를 안고 있었다.

왕건의 혼인 정책

후삼국 통일 이후에도 왕건에게는 해결해야 할 과제가 남아 있었는데 그중 가장 큰 걱정거리가 호족이었다. 호족은 신라 말기에 등장한 지방 세력으로 땅과 개인 군대를 갖고 있어 자신이 통치하는 지역에서는 왕보다 영향력이 컸으며, 언제든 반란을 일으킬 수 있는 존재였다. 신라 말기의 호족은 나라에 반기를 들고 고려가 후삼국을 통일하는 데 일조했다. 그러나 통일 이후에는 사정이 달라졌다. 지방의 독자적 세력인 호족이 존재한다는 사실은 고려 입장에서 부담이 되지 않을 수 없었다.

왕건의 입장에서 호족이 없어진다면 더할 나위 없이 좋겠지만 호족을 없앨 수는 없었다. 왕건 자신도 호족 출신일뿐더러 고려를 세우고 후삼국을 통일하는 과정에서 다른 호족들의 도움을 받아 크게 신세를 졌기 때문이다. 그렇다고 호족을 그대로 둘 수는 없는 노릇이었다. 호족들이 연합하여 공격한다면 왕건도 고려도 무너질 수 있었다. 이런 불안함 속에서 왕건은 호족과 손을 잡는 쪽을 택했다. 호족을 없애기 위해 노력하는 과정에서 반발을 사느니 아예 자기편으로 만들기로 한 것이다. 문제는 어떻게 내 편으로 만드느냐였는데 왕건은 혼인이라는 방법을 이용했다.

왕건은 호족의 딸들과 혼인을 추진했다. 호족의 딸과 혼인할 경우, 그 호족과는 장인과 사위 즉 가족이 되는 것이다. 아무리 미운 일이 있고 마음에 안 들어도 가족이 된다면 호족이 함부로 반기를 들지 못할 것이라는 게 왕건의 계산이었다. 만약 왕건에게 안 좋을 일이 생기면 호족의 입장에서는 그 일이 자신의 딸에게도 영향을 줄 것이므로 자연스럽게 왕건을 보호할 수밖에 없는 것이다. 그리고 호족의 딸을 부인으로 삼는다면 이는 왕건이 호족의 가족을 인질로 잡는 것이라 해석할 수도 있었다. 즉 호족이 반란을 준비하는 등 왕건에게 대항하려 할 때 왕건은 그 딸을 앞세워 반란에 대비할 수 있는 것이다.

또한 호족의 입장에서는 딸이 왕의 부인이 되어 아들이라도 낳으면 자신의 힘은 한층 세지게 될 터이니 아쉬울 것이 없었다. 따라서 왕건과 호족 모두 이 같은 혼인 정책을 마다할 이유가 없었다. 이렇게 혼인을 추진하다 보니 왕건의 부인은 결국 29명이나 되었다.

하지만 혼인 정책은 훗날 많은 문제를 가져올 가능성이 있었다. 왕건이 죽고 뒤를 이을 왕을 정할 때 29명이나 되는 부인과 그 뒤에 버티고 서 있는 호족들은 서로 자기 집안 후손을 왕위에 올리려고 할 것이 뻔하기 때문이다. 실제로 왕건이 죽고 나서 고려는 왕위 계승 문제로 혼란을 겪었다.

이러한 문제점이 있음에도 왕건의 혼인 정책은 건국 초기의 혼란을 최소화하고 호족들을 융합할 수 있는 최선의 방법이었다.

호족을 견제하고 달래는 기인 제도와 사심관 제도
호족을 융합하고 견제하기 위한 왕건의 노력은 혼인 정책에서 그치지 않았다. 혼인을 통해 가족이 되었다 하더라도 끊임없이 호족을 감시하여 혹시 발생할 수 있는 반란에 대비해야 했기 때문이다. 이런 배경에서 생겨난 것이 바로 기인 제도와 사심관 제도다.

기인 제도란 호족의 아들 중 한 명을 수도인 개경(지금의 개성. 후삼국 시대의 이름은 송악)에 살게 하는 제도로, 수도에 있는 아들은 일종의 인질인 셈이다. 호족은 경제력과 군사력을 갖춘 지방 권세가인데, 왕건의 입장에서 이런 호족이 부담스러울 수밖에 없었다. 그 이유 가운데 하나는 감시가 미치지 않는 먼 곳에 있어 자신에게 불만이 있는지, 반란을 준비하는지 등을 파악하기가 어렵다는 것이었다. 그래서 왕건은 호족의 아들을 인질로 잡아 두려고 했다. 이는 반란을 일으킬 경우 아들을 죽일 테니 아들을 살리고 싶다면 반란 따위는 생각도 하지 말라는 경고의 메시지인 셈이다.

기인 제도가 호족을 감시하기 위한 제도였다면 사심관 제도는 호족을 달래기 위한 제도다. 왕건은 주요 호족을 지방의 사심관으로 임명했는데, 사심관은 그 지방을 마음대로 통치할 수 있었다. 즉 사심관이 된다는 것은 왕의 허락하에 지역 내 최고 권력자로 군림할 수 있다는 뜻이다. 이렇게 사심관이 된 호족들은 왕건의 호의를 고맙게 여겼고, 왕건은 이를 호족들을 융합하는 수단으로 활용했다.

사심관 제도에는 숨은 의도가 하나 더 있다. 사심관이 된 호족은 자신이 통치하는 지역에서 반란 등 문제가 발생하면 이를 책임져야 하므로, 사심관의 지위를 지키기 위해 자신이 다스리는 지역에서 문제가 발생하지 않도록 노력해야 했다. 즉 사심관 제도는 호족을 달래는 동시에 호족에게 책임을 지워 지방을 효율적으로 다스리기 위한 제도다.

북진 정책과 조세 감면

왕건은 호족을 견제하고자 많은 노력을 기울이는 한편 백성과 나라를 위해 다양한 정책을 펼쳤다.

첫 번째는 북진 정책이다. 왕건은 나라 이름을 정할 때 옛날 고구려의 뒤를 잇겠다는 의미에서 '고려'라고 정했다. 그리고 발해 유민을 고려의 백성으로 받아들였다. 왕건의 소망 중 하나는 옛 고구려 땅과 발해 땅을 고려의 영토로 만드는 것이었다. 이 목적을 이루기 위해 나온 것이 북쪽으로 영토를 넓히려는 북진 정책이다.

왕건의 북진 정책은 어느 정도 성과가 있어 대동강에서 원산만에 이르던 국경선을 청천강에서 영흥으로 바꾸어 놓았다. 또한 후손에게 남긴, 앞으로 고려가 꼭 해야 할 일 열 가지를 담은 《훈요 10조》에도 북진 정책을 포함시켰다. 그만큼 영토 확장을 위한 왕

건의 의지가 강했음을 알 수 있다.

　백성을 위한 정책을 마련하는 데에도 노력을 기울였다. 농민들이 내는 수취인 조세를 10분의 1로 낮추고 빈민을 구제하기 위해 흑창 제도를 실시했다. 흑창은 곡식을 보관하는 창고로, 풍년일 때 곡식을 모아 두었다가 흉년이 들면 그 곡식을 빈민들에게 빌려줌으로써 가난한 백성들에게 큰 힘이 되었다.

　왕건은 후삼국을 통일하여 통일 국가를 이루었을 뿐만 아니라 나라와 백성을 위한 정책을 수립하는 데에도 온 힘을 기울였다. 고려가 500년 가까이 나라를 유지할 수 있었던 기반은 왕건 때 마련되었다. 실제로 우리나라 역사상 왕건을 능가할 왕이 몇 명 되지 않는다고 평가하는 사람이 있을 정도로 왕건의 정치력은 뛰어났고, 이는 후대 많은 왕의 귀감이 되었다.

한 걸음 더

태조 왕건의 바람을 담은 《훈요 10조》

《훈요 10조》란 고려 태조 왕건이 후대 왕들이 꼭 해야 할 열 가지 일을 모아 기록한 지침서로, 현재는 전해지지 않고 있다. 다만 다른 책들을 통해 몇 가지 내용이 전해지는데 대표적인 내용이 북진 정책과 불교 숭배다.

왕건은 고려가 고구려를 이은 나라이고 발해와 합쳐진 나라인 만큼 북쪽으로 영토를 넓혀야 한다며 북진 정책의 추진을 중요시했다. 또한 도교 및 풍수지리 행사인 팔관회와 불교 행사인 연등회를 해마다 성대하게 개최할 것을 강조했다.

실제로 고려는 왕실이 재정적으로 어려울 때에도 팔관회와 연등회 행사를 화려하게 치렀는데, 이는 나중에 고려 왕실이 국고를 낭비한다고 비판받는 빌미가 되기도 했다.

광종은 왜 포악한 왕이 되었을까?

태조 왕건이 죽고 혜종이 다음 왕이 되었다. 그러나 왕위 계승 문제로 왕건이 집권했을 때보다 정치가 혼란스러웠다. 왕건은 부인이 29명이나 있고 모두 유력한 호족의 딸이다 보니 누가 왕위를 이어받아도 불만이 생길 수밖에 없는 구조였다. 한동안 지속된 이러한 불안한 상황을 잠재운 왕은 제4대 왕 광종이다.

자황포로 왕이 된 혜종

혜종의 본명은 왕무로 태조 왕건의 첫째 아들이다. 왕건은 왕무의 인품이 훌륭한 것을 알고 왕무가 어렸을 때부터 왕위를 물려줄 계획을 세웠다.

문제는 왕무의 어머니 집안이 다른 부인들의 집안에 비해 세력이 약하다는 점이었다. 왕건의 부인들은 대부분 지방 유력 호족의 딸로 군사력이나 경제력 면에서 나무랄 데 없는 집안 출신이었다. 반면 왕무 어머니의 집안은 다른 부인들의 집안보다 힘이 약해서 왕건이 왕무를 후계자로 삼는다면, 다른 부인들과 그 집안 출신 관리들이 나서서 반대할 것은 불 보듯 뻔한 일이었다.

이에 왕건은 은밀한 방법을 썼다. 왕이 입는 옷인 자황포를 상자에 담아 왕무의 어머니인 둘째 부인에게 주었고, 둘째 부인은 그 상자를 신하 박술희에게 보여 주었다. 상자를 보고 왕무를 후계자로 삼고 싶어 하는 왕건의 뜻을 알아차린 박술희는 사람들을 만나 왕무를 후계자로 정해야 한다고 설득했다.

결국 박술희는 왕무가 왕위를 이어받아야 한다는 신하들의 여론을 형성하는 데 성공하여 왕무는 921년 태자로 책봉되었다. 이후 왕무는 왕건을 도와 후삼국을 통일하는 데 큰 공을 세우며 한 나라의 태자로서 제 역할을 다했다.

943년 왕건이 세상을 떠나고 왕무는 제2대 왕 혜종이 되었다. 하지만 왕건의 세 번째 부인의 두 아들 왕요와 왕소는 왕무가 왕이 된 것에 불만이 많았다. 왕건의 세 번째 부인은 충주 지역 호족인 유긍달 집안사람이었다. 유긍달은 여러 집안과 혼인 관계를 맺으며 세력을 확장한 당대 최고 호족 중 한 명이었다. 이런 유긍 달은 자신의 손자인 왕요와 왕소가 왕이 되기를 원했고, 그들 역 시 왕위를 차지하고 싶은 열망을 갖고 있었다.

왕요와 왕소가 왕위를 노리고 있다는 사실을 눈치챈 혜종의 장인 왕규는 혜종에게 이 사실을 알리고 두 이복동생을 숙청하 라고 요청했다. 그런데 혜종은 숙청은커녕 두 동생 왕요와 왕소 를 전혀 의심하지 않았다. 이때부터 왕규는 혜종에게 불만이 쌓 였고 차라리 혜종을 제거하고 자신의 손자를 왕위에 앉혀야겠다 는 계획을 세웠다.

이렇게 혜종의 지지자인 왕규의 마음이 돌아설 때쯤 혜종이 왕 위에 오르는 데 결정적 도움을 준 박술희가 모함에 빠져 유배를 떠나고 목숨까지 잃었다. 설상가상으로 혜종마저 세상을 떠났다. 왕위에 오른 지 2년 만인 945년의 일이었다.

아우에게 왕위를 물려준 정종

한편 왕규는 자신의 손자를 왕위에 앉히기 위해 반란을 일으 켰고, 그 반란을 왕요가 진압했다. 이후 왕요는 자연스럽게 신하 들의 추대를 받아 고려 제3대 왕 정종에 즉위했다.

정종은 어지러운 정치 상황을 바로잡고 왕권을 강화하고자 수 도를 옮기려 했다.《훈요 10조》에서 왕건은 북진 정책을 강조하며 북진 정책의 근거지로 서경(지금의 평양)을 중시했기에 정종은 선왕의 뜻을 받들고 정치적 혼란을 진정시키기 위해 서경 천도를 계획했다. 하지만 이 계획이 개경에 살고 있는 귀족들의 반발로 무산되면서 정종의 정치적 입지는 좁아졌다.

그러던 어느 날 밤 갑자기 닥친 우레와 천둥소리에 놀란 정종은 경기가 들더니 시름시름 앓다가 6개월 만에 죽음을 맞았다. 죽음을 예감한 정종은 동생 왕소를 불러 왕위를 넘겨주었다. 동생에게 왕위를 차지하려는 욕심이 있다는 사실을 알고 있는 정종은 왕위를 넘기는 대가로 아들의 목숨을 지켜 주려 했다. 하지만 집권 후 왕소는 왕위를 노렸다는 이유로 조카인 정종의 아들을 죽이고 말았다.

광종은 고려 최고의 왕? 포악한 왕?

왕소는 형의 뒤를 이어 제4대 왕 광종으로 즉위했다. 광종은 집권 초기 7년간 평화롭게 왕의 자리에 앉아 있었다. 좋게 말해 평화로운 것이지 정확하게 말하면 아무것도 하지 않은 것이나 다름없었다.

이처럼 집권 초기 7년간 광종이 아무 일도 하지 않은 이유는 호족의 힘이 두려워서였다. 광종 이전 제2대 왕 혜종은 왕이 된 지 2년 만에 죽었고 제3대 왕 정종은 4년 만에 병사했다. 두 왕

모두 병으로 죽은 것으로 기록되어 있지만, 정말 병 때문인지 아니면 다른 이유가 있는지는 알 수 없다. 그리고 다른 이유 때문에 죽은 것이라면 두 왕이 죽은 배경에는 힘이 있는 누군가가 개입했을 가능성이 높다.

그래서 광종은 즉위 후 7년이 지나고 집권이 어느 정도 자리를 잡았다고 판단되자, 호족을 견제하는 정책을 내놓았다. 우선 노비안검법과 과거 제도를 실시했다. 두 정책으로 광종은 호족의 힘을 약화시키고 호족이 아닌 능력 있는 새로운 관리를 선발함으로써 왕권을 강화하고자 했다. 그러나 호족들의 반발은 거셌다. 특히 노비안검법은 호족들의 불만 때문에 태조 왕건도 실시하려다가 포기한 정책이었다.

광종은 호족들의 반발에 숙청으로 맞섰다. 자신의 정책에 반대하는 사람은 모조리 죽였다. 왕족이라고 예외가 아니어서 혜종과 정종의 아들들도 죽임을 당했다. 아버지 태조 왕건을 도와 후삼국 통일에 공을 세운 신하도 반란을 진압한 공신도 예외가 없었다.

고려의 역사를 기록한 《고려사》에는 광종의 숙청 과정을 이렇게 서술하고 있다.

오래된 공신과 장군은 거의 죽임을 당했다. 경종(광종 다음 왕)이 즉위할 당시 옛 신하 가운데 살아남은 사람은 40여 명에 불과했다.

광종의 숙청이 얼마나 대단했는지 감옥에 사람이 너무 많아 더 이상 죄인을 가둘 수 없을 정도였다고 한다. 이러한 광종의 왕권 강화책 덕분에 정치가 안정되어 더 이상 호족들에게 휘둘리지 않게 되었다.

하지만 왕권 강화책 이후 계속된 광종의 호족 숙청은 광종 집권 후반기에는 모든 사람을 두려움에 떨게 했으며, 죽은 사람 가운데에는 죄 없는 사람도 많았다고 한다. 광종의 친아들조차 죽임을 당할까 봐 두려워했을 정도로 집권 말기 광종의 의심과 숙청은 도가 지나쳤다는 평가가 있다.

지금도 광종에 대한 평가는 엇갈린다. 정치를 안정시키고 왕권을 강화한 고려 최고의 왕이라는 평가와 끊임없이 의심하고 숙청하는 등 살인과 학살을 자행한 포악한 왕이라는 평가가 공존하고 있는 것이다. 이처럼 상반된 평가가 존재하지만 광종 집권 이후 고려의 정치가 변화하고 왕권이 강화된 것은 사실이다.

노비를 풀어 준 노비안검법

노비안검법이란 한마디로 노비를 풀어 주는 제도다. 후삼국 말기 자연재해로 흉년이 이어지고 전쟁으로 농지가 황폐해지자 굶어 죽느니 부유한 집에 노비로 들어가는 길을 선택하는 농민들이 있었다. 또한 권세가 있는 호족이 다른 호족을 포섭하는 과정에서 힘이 약한 호족 집안의 노비를 빼앗는 일 또한 비일비재했다.

이런 상황이 한동안 지속되면서 힘이 센 호족은 어마어마한 노비 집단을 거느리게 되었는데, 호족에게 있어 노비는 집안의 재산인 동시에 군사력이었다. 사고파는 것이 가능한 노비가 많다는 사실은 재산이 많음을 의미했고, 유사시에는 군사가 되어 호족을 위해 싸워 주기 때문에 노비의 수와 호족의 힘은 비례할 수밖에 없었다.

이 사실을 익히 알고 있는 왕건은 호족 소유의 노비를 풀어 주는 제도를 실시하려 했다. 하지만 호족들의 반발로 이 계획은 실패로 돌아갔다. 그런데 왕건조차 해내지 못한 일에 광종이 나선 것이다. 광종은 일단 호족이 소유하고 있는 노비들의 신원을 조사하게 했다. 신원 조사 결과 이전에 농민이었거나 다른 사람의 노비였는데 불법으로 소유한 것이라면 그 노비를 양민으로 풀어 주었다. 이것이 노비안검법이다.

노비가 양민이 되면 호족은 재산이 줄어들 뿐만 아니라 부릴 수 있는 군사의 수가 줄어들어 힘이 약해질 수밖에 없었다. 그리고 노비가 양민이 되면 세금을 내는 사람이 많아지므로 왕의 입장에서는 더할 나위 없이 좋은 정책이다. 노비안검법 시행으로 광종은 호족 약화와 왕권 강화, 세수 확보라는 세 마리 토끼를 잡을 수 있었다.

과거 제도로 새로운 지식인 등장

과거 제도란 시험을 치러서 실력 있는 관리를 뽑는 제도로 중국에서 먼저 실시되었다. 우리나라에서는 신라 시대 때 독서삼품과라는 관리들의 실력을 점검하는 시험이 있었으나, 신라는 대체로 실력보다 신분을 강조하여 관리를 선발했기에 독서삼품과는 제대로 활용되지 못했다.

신라가 무너지고 고려가 세워지면서 신라의 골품 제도는 무의미한 것이 되어 버렸지만, 강력한 힘을 지닌 호족은 관직을 독차지하고 특권을 누렸다. 왕의 입장에서 호족들이 정치와 관직을 독점하는 것은 결코 바람직한 일이 아니었다. 문제는 어떻게 호족을 몰아낼 것인가였는데, 광종은 새로운 세력을 등용하는 과거 제도로 이 문제를 풀어냈다.

광종이 과거 제도를 실시하게 된 데에는 중국에서 온 쌍기라는 사람의 건의가 한몫했다. 중국에서 고려로 귀화한 쌍기는 과거 제도의 실시를 광종에게 건의했다. 이에 광종은 쌍기를 믿고 과감하게 과거 제도를 실시하기로 마음먹었고, 광종 집권기에 쌍기의 주도로 과거 시험이 여덟 차례 시행되었다.

이전까지 호족의 자제들은 공부하지 않아도 출세하고 특권을 누릴 수 있었다. 그러나 과거 제도 실시 후 상황이 달라졌다. 시험을 보아서 성적으로 관리를 선발하다 보니 호족 자제라도 쉽게 과거에 붙을 수는 없었다. 실제로 여덟 차례 치른 과거 시험 결과 공신과 호족의 자제는 거의 합격하지 못하고 지방의 새로운 인물들이 대거 합격했다. 사정이 이렇다 보니 호족들은 과거 제도 시행을 반대했다. 그러나 광종은 이 반대를 무릅쓰고 과거 제도를 실시했으며, 이는 호족의 힘을 약화시키는 결과를 가져왔다. 과거 제도의 시행으로 새로운 지식인이 정치권에 등장하여 호족이 물러난 자리를 자연스럽게 차지하면서 정치를 이끌게 되었다.

광종이 실시한 과거 제도는 이후 고려 사회에 정착되었고 고려에 이어 조선도 관리를 뽑는 대표적인 방법으로 활용했다. 그리고 1894년 갑오개혁 때 폐지되기 전까지 과거 제도는 우리나라에서 관리를 뽑는 시험의 대명사가 되었다.

중국 역사상 가장 나약한 왕조 송나라

광종이 재위하며 고려의 정치가 안정기로 접어들 즈음 중국에서도 변화가 일어났다. 당나라 멸망 후 막이 오른 5대 10국의 혼란 시대가 정리되기 시작한 것이다. 이 일을 해낸 인물은 조광윤이다. 5대의 마지막 왕조 후주의 절도사였던 조광윤은 일곱 살 난 어린 황제 공제로부터 황제 자리를 양위받아 송나라를 세웠으며, 이후 지방의 10국을 하나씩 정벌하여 중국을 다시 통일했다. 당나라 이후 분열되었던 중국이 송나라에 의해 또 한 번 하나의 왕조로 통일된 것이다.

조광윤은 원래 후한의 절도사 곽위 부대의 군인이었고 곽위가 후주를 건국하는 것을 도왔다. 이후 곽위의 아들이 황제가 되었을 때는 황제의 오른팔이 되어 이민족의 침략을 막고 전쟁 중 포위된 황제를 구출하는 등 공을 세웠다. 그리고 황제가 병사한 뒤 일곱 살 난 아들이 황제 자리에 올랐을 때도 조광윤은 어린 황제를 보필했다. 하지만 어린 황제로 인해 나라가 불안해지자 신하들은 조광윤에게 황제가 되어 달라고 청했고, 이에 조광윤이 황

송나라 첫 번째 황제 태조가 된 조광윤 좌상. 피 한 방울 흘리지 않고 황제가 된 조광윤은 문치주의를 바탕으로 한 중앙 집권을 확립했다는 평가를 받고 있다(그림 14).

제로부터 왕위를 양위받아 송나라를 건국했다.

송나라를 세운 조광윤은 가장 먼저 절도사를 없앴다. 절도사 출신 조광윤은 절도사가 황제에게 얼마나 위협적인 존재인지 잘 알고 있었다. 절도사는 원래 이민족의 침략을 방어하기 위해 지방에 두던 군인으로, 군사권과 행정권 모두를 갖고 있어 마음만 먹으면 얼마든지 반란을 일으킬 수 있었다. 이에 조광윤은 절도사를 없애고 모든 군인은 수도와 왕실만 방어하게 했다. 즉 지방에는 군인을 두지 않은 것이다.

대신 조광윤은 지방 통치를 문인에게 맡겼다. 문인들은 군인에 비해 적을 막아 내는 데에는 미숙하나 행정에 있어서는 효율적이고 안정적인 운영이 가능했다. 이에 지방에 파견된 문인 관료들은 백성들의 삶과 농사 기술 발전에 노력을 기울였고 이런 변화는 지방의 백성들로부터 환영받았다.

하지만 외적을 어떻게 방어하느냐 하는 문제가 있었다. 중국은 땅이 넓은 만큼 이민족의 침략이 잦았다. 지방에 군인을 두지 않은 송나라는 이민족의 침략을 방어하는 데 취약했지만, 이 문제를 전쟁이 아닌 세폐(공물)로 해결했다. 송나라는 이민족이 쳐들어올 때마다 싸우는 대신 곡식과 공물을 주며 달래서 돌려보냈다. 그리고 해마다 비슷한 물량을 세폐로 바치겠다는 약속을 했다. 중국에 쳐들어온 이민족으로서는 이 제안이 나쁘지 않았다. 중국에 쳐들어오는 가장 큰 이유가 곡식과 질 좋은 물자를 얻기 위함인데, 싸우지 않고 목적을 달성하게 되니 마다할 리 없었다.

이런 식으로 송나라는 이민족과의 협상과 타협을 통해 외교 문제를 해결했다. 그래서 송나라가 통치하는 동안 중국은 큰 전쟁을 치르지 않아도 되었다. 그러나 이것은 임시방편일 뿐 해결책이 아니었다. 송나라의 국방력이 약하다는 사실을 알게 된 이민족들은 계속해서 쳐들어왔고, 송나라는 그때마다 세폐를 바치기로 약속하고 돌려보내다 보니 바쳐야 하는 세폐의 양이 점점 늘어나 결국 큰 부담이 되었다.

이처럼 송나라는 전쟁과 군인보다는 외교와 문인 중심으로 나라를 운영했기에 무엇보다도 우수하고 유능한 관리를 선발하는 일이 중요했다. 그래서 과거 제도를 정비했다. 과거 제도는 당나라 때도 있었으나 형식적인 절차에 불과했다. 과거 시험 문제 출제와 심사를 귀족이 했기 때문에 귀족 자제들만 합격하는 결과를 낳았다. 하지만 송나라는 달랐다. 공정한 과거를 위해 시험을 세 번 보는 제도를 만들었으며, 특히 마지막 시험은 황제 앞에서 시험을 보고 순위 역시 황제가 결정함으로써 유능한 관리 선발이 가능했다.

이런 문화 속에서 송나라는 학문적·문화적 발전을 이루어 냈고, 양쯔강 이남 지역을 개발함으로써 농사 기술의 발전과 경제적 풍요로움을 누릴 수 있었다. 이 당시 송나라의 수도 카이펑의 가게들은 새벽 네 시에 문을 열어 다음 날 새벽 두 시까지 장사를 했다고 하니 얼마나 장사가 성했는지 알 수 있는 대목이다.

반면에 군사적으로는 중국의 역대 왕조 중 가장 약했고 그 때문에 북방 유목 민족의 힘은 가장 강했다. 이 시기에 강성해진 거란족의 요나라, 여진족의 금나라, 몽골족의 원나라는 송나라뿐만 아니라 고려까지 괴롭혔다. 우리나라 입장에서는 중국에 강력한 왕조가 버티고 있어서 유목 민족의 힘이 약해야 이민족의 침략 없이 마음 놓고 지낼 수 있는데, 송나라는 그 역할을 하지 못했다. 고려가 유독 이민족의 침략을 많이 받은 데에는 이런 이유가 숨어 있다.

성종은 왜 지방에
관리를 파견했을까?

고려 제4대 왕 광종은 호족 약화와 왕권 강화를 통해 정치를 안정시켰다. 하지만 이것은 무자비한 숙청으로 대표되는 공포 정치로 만들어진 결과였기 때문에 광종이 죽고 유약한 왕이 집권하면 언제든지 무너질 수 있는 불안한 것이었다. 그런 상황에서 성종이 등장해 정치의 기틀을 마련하고 새로운 정치 문화를 만들어 나갔다.

왕실의 권위를 다시 세운 성종

성종의 이름은 왕치로, 태조 왕건의 손자이자 광종의 조카다.

고려 왕실은 근친혼을 권장했기에 성종의 가계도를 보면 오늘날의 시각으로는 이해할 수 없는 복잡한 족보가 만들어진다. 성종의 아버지 왕욱은 왕건의 네 번째 부인에게서 태어난 아들인데, 왕건의 여섯 번째 부인에게서 태어난 딸과 혼인했다. 즉 서로 다른 어머니에게서 태어난 이복 남매가 결혼한 것으로, 당시에는 이런 일이 흔했다. 광종은 여동생과, 성종은 광종의 딸과 혼인했다.

제4대 왕 광종이 죽자 그의 아들 왕주가 왕위에 올라 경종이 되었다. 그러나 경종이 후사로 두 살 된 아들 왕송을 남기고 재위 6년 2개월 만에 세상을 떠나니 왕권이 약화될 것을 우려하여 경종과 사촌 간인 왕치가 왕위에 올라 성종이 되었다. 많은 사촌 중 성종이 왕위에 오른 것은 경종의 아들 왕송의 어머니가 성종의 여동생이었기 때문이다.

성종이 왕위에 올랐을 때 이미 왕권은 흔들리고 있었다. 경종 재위 시절 반광종 운동이 일어날 정도로 광종에 대한 반발이 심했던 데다가 경종 자신도 광종에 의해 죽임을 당할 뻔했기에, 어느 정도 반항심이 작용하여 광종의 왕권 강화책은 그대로 이어지지 않았다. 게다가 경종은 재위 기간이 짧은 데다가 오락과 향락에 빠져 정사를 멀리한 탓에 조정과 왕실의 권위는 땅에 떨어졌다.

이런 상황에서 왕위에 오른 성종은 왕실의 권위를 바로 세울 필요가 있다고 판단하고 유교 정치를 선언했다. 성종은 즉위한 이듬해 정5품 이상의 고위 관료들에게 정치와 관련한 시무책을 제출하라고 명령했고 최승로가 제출한 시무책을 택하여 도입하기에 이른다.

최승로의 시무책은 모두 28가지였는데, 핵심은 정치를 함에 있어 유교를 숭상하고 불교를 멀리하여 왕을 중심으로 하는 중앙 집권 통치를 하자는 것이다. 이를 위해 최승로는 지방의 토호나 관리, 승려 들이 백성에게 횡포 부리는 것을 막아야 한다며 중앙 관리뿐 아니라 지방 관리의 질서도 잡을 수 있는 정치를 주장했다. 이에 성종은 관복을 제정하고 중앙 관리의 서열을 정리했으며, 지방 열두 군데에 관리를 파견하여 백성을 돌보게 했다. 또한 유교 정치를 실현하고자 중국에서 시행하고 있는 행정 조직인 3성 6부 제도를 도입했는데, 중국의 것을 그대로 모방하지 않고 실정에 맞게 변형함으로써 고려 유교 정치의 기틀을 마련했다.

유교 정치의 기틀을 마련한 시무책

최승로는 신라 6두품 집안 출신으로 어릴 때부터 학식이 뛰어났다고 한다. 최승로가 열 살 되던 해에 신라 마지막 왕 경순왕이 왕건에게 항복하여 신라의 역사는 막을 내렸다. 이에 최승로 집안은 고려의 수도 송악으로 이동했고 최승로는 그곳에서 공부하며 생활했다. 새로 이주하여 정착한 곳이지만 최승로의 총명함은 송악에서도 남달라서 태조 왕건은 최승로가 영재 교육을 받을 수 있도록 도와주었다.

이후 최승로는 학문을 연마하여 실력을 쌓고 정계에 진출했으나, 광종 집권 이후 두드러진 활약을 하지 못했다. 중국의 정치 문화를 배우고자 한 광종이 중국 유학생 우대 정책을 펼쳤기 때문이다. 특히 광종에게 과거 시험 실시를 제안한 쌍기를 중심으로 중국에서 귀화한 사람들이 고려의 주요 정책을 담당하자, 오로지 고려에서만 공부한 최승로에게는 주요 업무를 맡을 기회조차 주어지지 않았다.

광종 집권 시절 최승로의 나이는 20대 초반에서 40대 후반으로 사실상 가장 활발하게 활동해야 할 시기였음에도 정치의 외곽에 머물러 있어야 했다. 학식이 뛰어난 최승로로서는 광종 집권기에 단 한 번도 과거 시험관인 지공거 자리에 오르지 못했다는 것이 자존심 상하는 일이었다. 이에 훗날 최승로는 광종의 정치를 비판하고 쌍기를 비롯한 귀화인들을 우대한 정책은 잘못된 것이라 평가했다.

그러나 그러한 광종의 정책 덕분에 최승로는 자신의 실력을 발휘할 기회를 잡았다. 그 배경이 된 것은 바로 과거의 실시였다. 광종 집권 후반기 과거 출신자들이 대거 정계에 진출하면서 최승로는 학식과 능력을 다시금 인정받기 시작하여 성종이 집권하자마자 행정 요직을 차지하며 중앙 정치에 뛰어들었다. 성종이 집권할 때쯤에는 이전에 권력을 휘두르던 호족은 대부분 숙청당해 과거 출신자들이 정치를 주도하고 있었다. 이러한 결과를 만들어 낸 광종 덕분에 최승로가 능력을 발휘할 수 있었던 것이다.

성종에게 제출한 시무 28조가 채택되면서 최승로는 정치적 역량을 마음껏 펼쳐 유교 정치의 기틀을 마련해 나갔다. 최승로의 시무 28조는 고려를 대표하는 시무책으로, 이 시무책을 올렸을 때 최승로는 쉰여섯 살이었다. 20대 초반의 성종은 최승로를 존경하고 신뢰했으며, 최승로는 성종을 보좌하며 정치를 이끌어 나갔다.

최승로가 올린 시무책은 크게 두 부분으로 나눌 수 있다. 앞부분에서는 제1대 왕 태조에서 제5대 왕 경종까지의 치적을 평가하면서 시무책을 올리게 된 배경을 설명하고 있으며, 뒷부분에서는 구체적인 시무책 28가지를 언급하고 있다. 최승로는 시무 28조를 올린 이유에 대해, 왕이 되었다고 높은 체하지 않고 재산이 많다고 교만하지 않으면 복은 저절로 올 것이며 이런 마음으로 정치를 한다면 그 정치가 후대까지 길이길이 전해질 것이라 설명했다.

현재는 22가지만 전해지고 있는 시무책 28가지를 바탕으로 성종은 유교 정치를 구현할 구체적 제도를 마련했다. 대표적 정책은 지방에 주요 행정 구역인 12목을 설치하고 중국의 3성 6부제를 도입하며 팔관회와 연등회를 폐지하는 것이었다. 이는 불교와 도교의 폐단을 없애고 유교 정치를 실현함과 동시에 국왕을 중심으로 하는 정치 제도 구축에 기여했다.

최승로 시무책의 골자는 왕권을 강화한 중앙 집권 체제 강화였지만, 결코 귀족들의 정치 참여가 배제된 것은 아니다. 따라서 유학을 공부한 귀족들 또한 정치에 대거 참여하면서 최승로 등장 이후 고려 정치는 유학에 능통한 문관이 주도하게 되었다. 최승로는 예순세 살로 생을 마칠 때까지 성종 곁에 머물면서 정치에 대한 조언을 아끼지 않았으며, 또한 최승로를 신뢰한 성종은 유교를 바탕으로 한 정치적 풍토가 형성되는 데 결정적인 역할을 했다.

최승로의 시무 28조

최승로가 제출한 28가지 시무책 중 현재까지 전해지는 것은 다음 22가지다. 내용을 보면 비용을 절감하여 백성들의 납세 부담을 줄이고 불교와 관리의 폐단으로부터 백성들을 보호하며, 공정하고 질서 있는 정치 체제 형성에 의한 유교 정치의 실현 등을 주장한다.

1. 국방비를 절감해야 한다.

2. 불교의 폐단을 줄여야 한다.

3. 시위 군졸을 줄여야 한다.

4. 상벌을 공정하게 해야 한다.

5. 사신을 보낼 때 장사꾼을 따라 붙이지 말아야 한다.

6. 승려들의 고리 빚을 금지해야 한다.

7. 지방 토호의 횡포를 막아야 한다.

8. 승려의 횡포를 막아야 한다.

9. 관복을 제정해야 한다.

10. 승려가 관이나 역에 유숙하는 것을 막아야 한다.

11. 중국의 제도를 무조건 따르는 것은 옳지 않다.

12. 공역을 공평하게 해야 한다.

13. 연등회와 팔관회에서 사람 동원과 노역을 줄여야 한다.

14. 군주는 덕을 베풀고 사심 없는 마음가짐을 가져야 한다.

15. 궁중의 비용을 줄여야 한다.

16. 백성을 동원하여 절을 짓는 것을 금지해야 한다.

17. 부호를 견제해야 한다.

18. 불경과 불상을 사치스럽게 만드는 것을 금해야 한다.

19. 개국 공신의 후손을 등용해야 한다.

20. 불교를 억제하고 유교를 일으켜야 한다.

21. 미신을 타파해야 한다.

22. 신분 차별을 엄격히 해야 한다.

거란은 왜 그렇게 자주 고려를 침략했을까?

광종, 성종 등 강한 리더십을 지닌 왕들이 집권하면서 고려는 초기의 혼란을 빠른 시간 안에 가라앉히고 통치 체제를 정비해 나갔다. 또한 과거를 통해 유교적 학문 수준이 뛰어난 관리들이 대거 등용되면서 정치 수준은 이전 시기보다 높아지고 제도가 체계적으로 형성되어 갔다.

하지만 이민족의 침입이라는 위기가 닥쳤다. 고려는 이민족의 침략을 유독 많이 겪었는데, 가장 먼저 쳐들어온 민족은 거란족이다.

거란의 제1차 침입

고려는 건국 초부터 거란과 사이가 좋지 않았다. 고려가 발해 땅을 되찾고자 노력하는 과정에서 거란과 충돌할 수밖에 없었기 때문이다. 게다가 거란은 고려와 우호 관계인 중국 송나라와 적대적 관계다 보니 거란과 고려 사이는 묘하게 뒤틀려 있었다.

고려와의 이러한 관계가 불편한 거란은 태조 왕건에게 우호 관계를 맺자고 제안했다. 그러나 왕건은 거란이 보내온 낙타 50마리를 굶겨 죽이고 사신 30명을 귀양 보내는 등 적개심을 보였고, 거란과의 외교는 단절되었다. 이런 상황에서 영토를 확장하고 있는 거란이 압록강 유역까지 진출하여 고려와 국경을 마주하게 되면서 두 나라는 더 이상 충돌을 피할 수 없었다.

993년(성종 12년) 거란과 사이가 좋지 않은 여진족은 거란이 침략할 것이라는 정보를 고려에 알려 주었다. 하지만 여진족을 신뢰하지 않은 고려는 전쟁에 대비하지 않고 있다가 거란의 군대가 국경에 다다라서야 전쟁에 나섰다. 거란은 소손녕을 선봉장으로 대규모 군대를 이끌고 쳐들어왔다. 전쟁 준비가 부족한 고려는 정면 대결보다는 화친을 맺는 방향으로 전술을 바꾸었다.

그러나 화친을 맺는 데 실패하자 두 방법 중 하나를 선택하여 전쟁을 마무리 짓자는 의견이 나왔다. 첫째는 임금이 중신들과 함께 나가 항복하자는 항복론이었고, 둘째는 서경 이북 땅을 거란에게 떼어 주고 전쟁을 끝내자는 할지론이었다. 성종은 할지론을 선택하고 서경 주민들에게 땅을 떠날 준비를 시켰다.

이때 성종의 결정에 반대하고 나선 이가 바로 서희다. 서희는 고려가 땅을 내어 주고 전쟁을 끝낸다고 하더라도 거란은 또다시 쳐들어와 땅을 요구할 것이라며 할지론의 위험성을 알렸다. 서희는 고려의 대표로서 항복을 요구하는 거란족 장군 소손녕을 만났다. 이것이 유명한 서희의 외교 담판이다.

서희를 만난 소손녕은 거란이 고려에 쳐들어온 두 가지 이유를 설명했다. 첫째, 고려는 신라 땅에서 신라를 계승하여 세워진 나라인데도 옛 고구려 땅을 차지하고 있으니 고구려를 계승한 거란에게 그 땅을 내주어야 한다는 것이었다. 둘째, 고려와 거란은 이웃 나라인데 고려가 거란이 아닌 송나라와 우호 관계를 맺고 있는 것은 도덕적으로 문제가 되니 송나라와 외교를 끊고 거란과 친교를 맺음이 옳다는 것이었다.

이에 대해 서희는, 첫째 고려는 나라 이름에서 알 수 있듯이 고구려를 계승한 나라이므로 도리어 현재 거란이 차지하고 있는 옛 고구려 땅을 고려에게 주어야 마땅하며, 둘째 고려가 거란과 외교 관계를 맺지 못하고 있음은 고려와 거란 사이에 있는 여진족 때문이니 여진족을 몰아내고 그 땅을 고려가 차지한다면 거란과 좋은 관계를 맺을 수 있다고 주장했다.

경기도 여주에 있는 서희의 묘 문인석
(능 앞에 세우는 문관의 형상으로 만든
돌). 관리들의 차림인 복두를 쓰고 공
복을 입고 손에는 홀(관직에 있는 관복
을 입을 때 손에 쥐는 것)을 쥔 모습이
다. 문인석 맞은편에는 긴 칼을 손에
쥔 무인석도 있다(그림 15).

이 같은 내용으로 이레 동안 계속된 서희와 소손녕의 담판 결
과 소손녕은 더 이상 고려와의 전쟁이 의미 없다고 판단했다. 더
욱이 서희와의 대면 직전 고려에 대패한 소손녕으로서는 전쟁을
이어 가기가 부담스러웠다. 이에 소손녕은 여진족이 차지하고 있
는 땅의 권리를 고려에게 넘기고 물러남으로써 거란의 제1차 침
입은 막을 내렸다. 이로써 고려는 여진족을 몰아내고 성을 쌓아
강동 6주를 차지함으로써 오히려 영토를 넓힐 수 있었다. 거란과
의 친선 관계에 대한 약속으로 그동안 사용해 온 송나라의 연호
대신 거란의 연호를 사용하고 송나라와의 외교 관계 역시 단절
하기로 했다.

강조의 정변과 거란의 제2차 침입

고려는 송나라와 외교 관계를 단절하겠다는 약속을 지키지 않았다. 앞에서는 거란과 친하게 지내는 척했지만, 뒤로는 몰래 송나라를 만나 거란을 몰아낼 궁리를 했다. 거란은 곧 이 사실을 눈치채고 배신감을 느꼈지만 또다시 침략할 만한 뚜렷한 명분이 없었다. 그때 고려에 강조의 정변이 일어났다.

당시 고려의 왕은 제7대 목종으로서 제5대 왕 경종의 아들이다. 경종이 죽었을 때 목종의 나이가 고작 두 살이어서 경종의 사촌인 성종이 제6대 왕위에 올랐다가 목종에게 왕위를 넘겼다. 그런데 기록에 따르면 목종은 동성애자여서 부인을 만나지 않아 당연히 자식이 없었다고 한다. 그러자 왕실에서는 다음 왕으로 누구를 세울지 걱정하지 않을 수 없었다.

목종이 동성애에 빠져 있을 때 사실상 정치를 주도한 인물은 목종의 어머니 천추 태후였다. 천추 태후는 사촌 김치양과 불륜 관계였는데 둘 사이에서 아들까지 낳았다. 천추 태후는 이 아들을 왕위에 앉히고 싶었지만, 왕실에는 또 다른 왕위 계승 후보자가 있었다.

바로 천추 태후의 동생 헌정 왕후의 아들 왕순이었다. 물론 왕순의 태생에도 문제는 있었다. 왕순은 태조 왕건의 여덟 번째 아들 왕욱과 경종의 부인 헌정 왕후 사이에서 태어난 아들로 태어나자마자 버려졌지만, 태조 왕건의 후손으로는 왕순이 유일하므로 목종이 죽는다면 왕순을 왕으로 모셔야 한다는 게 왕실 분위기였다.

이에 천추 태후와 김치양은 자신들의 아들을 왕위에 올리기 위해 왕순을 죽이려 했다. 이 사실을 알게 된 목종은 자신의 권위마저 위협받고 있음을 깨닫고는 후계자로 왕순을 정한 후 자신을 보호해 달라며 변방에 있는 강조에게 도움을 요청했다. 하지만 그 과정에서 전달이 잘못되어 강조는 목종이 김치양에게 죽임을 당했다는 연락을 받고는 김치양의 반란을 진압하고자 대규모 군사를 이끌고 개경으로 들어왔다.

궁으로 들어가기 직전 강조는 자신이 받은 연락이 잘못된 것이고 목종이 살아 있음을 알게 되었다. 그러나 군대를 되돌리기에는 너무 늦었다고 판단하고는 그대로 군대를 이끌고 궁으로 가서 목종을 폐위시킨 다음 왕순을 고려 제8대 왕 현종으로 삼았다. 그리고 김치양 일파와 그 아들은 죽이고 목종과 천추 태후는 귀양 보냈다. 이후 강조는 자객을 보내 목종을 죽였다.

이것이 강조의 정변이다. 시작이야 어찌 되었든 강조에 의해 목종은 폐위되어 목숨마저 잃고 현종이 왕위에 올랐으니 결국 반역인 셈이다. 이를 두고 거란은 친선 국가인 고려에서 이 같은 부도덕한 일이 발생한 것을 두고 볼 수 없으니 강조를 처벌하겠다며 군대를 이끌고 고려로 쳐들어왔다. 이것이 거란의 제2차 침입이다.

거란의 제2차 침입은 강조를 처벌하겠다는 구실을 내세웠지만, 실제로는 고려가 약속을 저버리고 여전히 송나라와 교류하고 있기 때문에 쳐들어온 것이었다.

제2차 침입은 거란의 왕이 직접 지휘할 정도로 거란으로서는 물러설 수 없는 싸움이었다. 이런 굳은 의지 때문이었는지 거란은 쉽게 고려의 수도 개경까지 진출했고 고려 왕 현종은 전라남도 나주까지 피란 가야 했다. 그렇지만 순순히 물러날 고려의 군대가 아니었다. 양규, 김숙흥 등은 군사를 이끌고 변방에서 거란군에 맞서 싸웠으며 오랜 여정으로 지쳐 있는 거란의 군대는 고려에게 대패하는 일이 잦아졌다.

이에 더 이상 전쟁을 지속하는 게 의미 없다고 판단한 거란군은 고려 왕의 사과와 강동 6주 반환을 약속받고는 자기 나라로 돌아갔다.

강감찬과 거란의 제3차 침입

고려는 애초에 거란과의 약속을 지킬 생각이 없었다. 왕이 병에 걸려 누워 있기에 거란에 사과하러 갈 수 없다는 핑계를 대며 약속을 지키지 않고 강동 6주의 반환 역시 거부했다. 고려가 또다시 약속을 어기자 거란은 다시 고려에 쳐들어왔다. 거란의 제

3차 침입이다. 이번에는 그나마 현종이 군사를 모으는 등 침략에 대비하여 싸움에 나설 수 있었다.

거란 장수 소배압은 10만 대군을 이끌고 고려에 쳐들어왔으나 강감찬이 이끄는 군대에 대패하고 말았다. 하지만 소배압은 전쟁에서 승리할 수 있다는 확신을 갖고 고려의 수도 개경으로 돌진했다. 이 사실을 안 현종은 개경 성 밖 주민들을 성안으로 불러들이고는 성 밖의 가옥과 작물을 모두 불태워 버렸다. 개경 밖에 도착한 소배압의 군대는 먹을 것도 쉴 곳도 없는 상태에서 전쟁을 지속할 수 없어 발길을 돌려야 했는데, 강감찬은 되돌아가는 거란군을 귀주에서 섬멸하다시피 했다. 이를 '귀주 대첩'이라고 한다.

귀주 대첩은 거란 역사상 가장 큰 패배였기에 거란은 한동안 고려에 침략할 생각을 하지 못했다. 한편 고려는 혹시나 있을지도 모를 거란의 침략에 대비하고자 개경 주변에 나성을 쌓고 천리장성을 축조하는 등 방비를 튼튼히 했다.

고려가 세 차례에 걸친 공격을 모두 막아 내자 거란은 고려에 더 이상 쳐들어올 수 없었다. 더욱이 거란의 최종 목표는 송나라였으나, 고려와의 싸움에 너무 많은 힘을 쏟은 바람에 송나라를 공격할 수 없었다. 이로써 고려, 거란, 송나라 사이에는 한동안 평화가 유지되었다. 이러한 평화는 저절로 이루어진 것이 아니라 거란의 공격을 막은 고려의 노력이 만들어 낸 것이다.

고려 평화의 파수꾼 천리장성

우리나라 역사에는 천리장성이 두 번 등장한다. 첫 번째는 고구려 연개소문이 쌓은 천리장성이다. 그 위치는 비사성(지금의 중국 다롄)에서 부여성(지금의 중국 눙안)에 이르던 것으로 추정된다. 이 천리장성은 16년(631~647년)에 걸쳐 쌓았는데, 중국의 만리장성보다 훨씬 견고했다고 한다. 당시 고구려에서 천리장성을 쌓은 것은 당나라의 침략을 막아 내기 위해서였으며, 실제로 천리장성 덕분에 고구려는 당나라의 공격에 상당히 효과적으로 대응할 수 있었다.

두 번째 천리장성은 고려의 것이다. 거란의 제3차 침입을 막은 후 1033~1044년 사이에 축조했고 압록강에서 영흥만으로 이어진다.

고려가 천리장성을 쌓은 목적은 거란족과 여진족의 침략을 막기 위해서였다. 세 차례의 전쟁에서 거란의 침략을 막아 내긴 했지만 언제 또다시 공격해 올지 알 수 없었다. 더욱이 힘을 키워 가고 있는 여진족 역시 고려에 쳐들어올 가능성이 있기에 이 모든 위험에 대비하고자 천리장성을 축조한 것이다.

고려가 천리장성을 쌓은 데에는 또 다른 이유가 있다. 거란과의 전쟁으로 영토를 넓힌 고려에게는 국경선을 확실하게 긋고 싶은 욕구가 있었다. 또한 북쪽에 있는 거란족 및 여진족과 비교했을 때 문화적·정치적으로 우수하다고 자부하는 고려로서는 북방 민족과 자신들의 생활 공간을 구분하는 것이 당연하다고 생각했다.

이런 이유로 쌓은 고려의 천리장성은 이민족이 함부로 침략할 수 없게 만들어 한동안 고려의 평화가 유지되는 데 기여했다.

이자겸은 어떻게 왕보다 힘이 셀 수 있었을까?

고려 시대에는 학식과 능력이 훌륭한 사람들이 과거를 통해 정계에 진출했지만, 그렇다고 출신이나 집안을 완전히 무시한 것은 아니다. 어느 시대나 그렇듯 높은 자리에 올라간 사람들은 자신의 아들이나 손자가 계속해서 고위 관직을 이어 가기를 바랐고, 실력이 엇비슷하면 자기 집안사람을 등용하기 일쑤였다.

이 과정에서 몇몇 집안은 계속 고위 관료를 배출하며 귀족 가문으로 성장하고, 이런 집안에게는 여러 혜택과 특권이 주어졌다. 이들은 정치적 전통과 특권을 남에게 주지 않고 자신들만 누리고 싶어 했다. 그래서 자신들의 특권을 유지할 수 있는 제도를 만들었고, 그 결과 특정 집안사람들은 대대로 특권을 누렸다. 이들을 '문벌 귀족'이라고 부른다.

음서와 공음전으로 특권을 누린 문벌 귀족

고려 초기에는 고려 건국에 공을 세운 호족 집안사람들이 우대받으며 정치를 주도했다. 하지만 광종 통치 시기에 과거 제도가 생기면서 유교 지식을 갖춘 사람들이 정치권에 등장했다. 이후 광종의 대규모 숙청으로 호족이 몰락하자, 정치는 유교 지식을 갖추고 있으면서 권세가 있는 가문에서 주도해 나갔다.

고려 시대의 관료는 9등급으로 구분되어 있었고 1품이 가장 높은 관리였다. 이 같은 관료의 품계 중 보통 5품 이상을 고위 관료라고 일컬으며 이들에게는 특권이 주어졌다. 그리고 고려 중기에는 대대손손 특권을 누리는 문벌 귀족이 정치를 이끌었다.

문벌 귀족이 누린 대표적인 특권에는 두 가지 있다. 첫 번째는 공음전이다. 공음전은 국가에서 주는 땅이지만 세습이 가능했다. 예전에는 관료들에게 일한 대가로 돈 대신 땅을 주었으며, 관직을 그만두면 국가에 반납해야 했다. 그런데 공음전은 이와 달리 관직을 그만두어도 국가에 돌려주지 않고 후손에게 물려줄 수 있었다.

문벌 귀족이 누린 두 번째 특권은 음서다. 음서란 과거 시험을 보

지 않고 관직에 진출할 수 있는 추천 제도다. 광종 때 과거 제도가 실시된 후 관료가 되는 가장 일반적인 방법은 과거에 합격하는 것이었다. 하지만 시험 성적이 좋은 사람이 반드시 정직하고 훌륭한 사람이라는 법은 없기에 인품이 뛰어난 사람을 추천하여 관직에 등용하기도 했다. 음서는 원래 인품이 훌륭한 관료를 뽑기 위해 만들어진 제도지만, 얼마든지 악용할 수 있다는 단점이 있었다. 즉 실력이 없어도 누군가의 추천만 받으면 관리가 될 수 있었다.

고려에서는 음서의 혜택을 5품 이상 관리의 가족들에게만 주었는데, 5품 이상 관직은 모두 문벌 귀족이 차지하고 있었기 때문에 결과적으로 음서의 혜택은 문벌 귀족 집안사람에게만 주어졌다. 그러니 문벌 귀족 집안사람은 공부를 안 해도 얼마든지 관직에 진출할 수 있었다.

귀족들은 이처럼 상당히 큰 특권인 공음전과 음서를 자신들만 누리고 다른 사람은 갖지 못하게 했다. 공음전과 음서는 5품 이상의 관료에게만 주어지는 혜택이었으므로 5품 이상 관직에는 귀족 집안 출신만 오를 수 있게 했다. 또한 음서는 사위에게까지 혜택이 주어지므로 문벌 귀족들은 자기들끼리 결혼하여 다른 집안 사람에게 특권이 주어지는 것을 미연에 차단했다.

이런 까닭에 몇몇 집안에서만 고위 관직자가 연이어 나옴으로써 귀족 앞에 가문을 뜻하는 '문벌'이라는 말이 붙어 문벌 귀족이라는 용어가 쓰이게 되었다. 고려 시대의 유명한 문벌 귀족 집안으로는 김부식으로 대표되는 경주 김씨, 최충으로 대표되는 해주 최씨, 윤관으로 대표되는 파평 윤씨 등이 있다. 이들은 공음전과 음서의 혜택을 독점하고 정략결혼을 하여 귀족의 특권을 독차지했다.

왕의 장인 이자겸이 일으킨 난

고려 중기 최고의 문벌 귀족으로 일컬어지는 사람은 인주 이씨 집안의 이자겸이다. 이자겸의 할아버지 이자연은 제11대 왕 문종의 장인으로, 이때부터 이자겸 집안은 고려 왕실의 대표적 외척이 되어 권세를 누렸다. 이자겸의 어머니는 해주 최씨 집안 사람으로 문벌 귀족 간에 정략결혼이 이루어진 대표적 사례다.

이자겸 집안은 아버지 대에 정치권에서 밀려나는 등 잠시 위기를 맞았으나 이자겸이 자신의 세 딸을 제16대 왕 예종, 제17대 왕 인종과 혼인시키면서 당대 최고의 문벌 귀족 가문으로 우뚝 서게 되었다. 그리고 예종과 결혼한 이자겸의 둘째 딸이 낳은 아들이 인종으로 즉위했고 인종은 이자겸의 셋째 딸, 넷째 딸과 연이어 혼인했다. 인종은 어머니의 동생들, 즉 두 이모와 혼인한 것이다.

예종에 이어 인종 대에도 왕의 장인이 된 이자겸의 권세는 점점 막강해졌다. 게다가 즉위 당시 인종은 열세 살이었기에 실제 정치는 이자겸이 도맡아 했다. 이자겸은 자신과 사이가 좋지 않거나 인종이 왕이 되는 데에 반대한 사람들을 숙청했다.

이쯤 되자 이자겸 집안의 재산은 나날이 불어났다. 출세하려면 이자겸에게 잘 보여야 한다는 이야기가 퍼져 나갔고 뇌물과 선물이 전국 각지에서 쇄도했다. 이자겸 역시 자신의 힘을 과신하여 다른 나라와의 관계에서 왕처럼 행사하는 일이 빈번했다. 이자겸은 자신을 '왕이나 다름없이 국가의 정치를 맡아서 한다'라는 뜻의 지군국사로 부르게 했다.

이때부터 인종은 이자겸에 거부 반응을 보이기 시작했고 이를 눈치챈 몇몇 관료가 이자겸을 없애자고 제안했다. 비록 장인이기는 하나 이자겸의 독재가 마음에 걸린 인종은 뜻을 같이하는 관료들과 손잡고 이자겸을 몰아낼 거사를 치르기로 했다. 이때 인종과 뜻을 함께한 관료들은 문벌 귀족이 주도하는 사회에 불만이 많은 하급 관료와 무장 들이었다.

이들은 먼저 이자겸의 아들 이지원의 장인이자 이자겸의 오른팔 척준경의 가족을 제거하기로 했다. 당대 최고 무장 중 한 명인 척준경 일파가 없어진다면 이자겸의 힘이 약해질 것이라고 생각한 것이다. 하지만 거사를 알아차린 척준경이 주동자를 잡아들이는 바람에 실패로 돌아갔다. 이로 인해 수많은 사람이 죽임을 당하거나 유배 보내졌고 이자겸의 힘은 한층 강력해졌다.

거사가 실패한 마당에 더 이상 왕의 자리를 지킬 수 없다고 판단한 인종은 이자겸에게 왕위를 물려주고 목숨만이라도 건지려 했다. 그러나 이자겸을 견제하는 다른 문벌 귀족들이 이자겸이 왕이 되는 것을 결사반대했다. 결국 이자겸은 왕위에 오르지는 못했지만, 인종을 자기 집에 감금해 두고 주요 관직을 모두 자기 사람으로 채움으로써 사실상 독재 정치를 시작했다.

인종은 이자겸의 독재를 막을 방법을 고민하던 중 척준경을 이용하기로 결심했다. 척준경은 이자겸과 사돈지간이라 각별한 사이기는 하나 이자겸에 대한 굳은 신뢰가 있는 것은 아니었다. 인종은 척준경에게 이자겸을 물러나게 해 준다면 그간의 모든 것을 없던 일로 하고 높은 관직을 주겠다고 설득했다.

이때 공교롭게 이자겸 아들의 노비들과 척준경의 노비들이 시비가 붙는 일이 벌어져 둘 사이가 틀어졌다. 인종은 이 기회를 놓치지 않고 척준경을 적극 회유했다. 마침내 이자겸을 몰아내기로 결심한 척준경은 군대를 이끌고 이자겸을 잡는 데 성공하여 이자겸과 그의 아내, 아들들을 모두 귀양 보냈다. 그리고 인종의 부인인 이자겸의 두 딸은 폐위되고 이자겸을 도왔던 사람들도 유배지로 향했다.

이자겸은 유배지로 떠난 지 7개월 만에 죽었으며 이자겸을 잡는 데 결정적인 공을 세운 척준경은 공신으로 인정받아 승승장구했지만, 곧 다른 신하들에 의해 관직에서 쫓겨나 유배되었다. 이후 고향에서 살다가 병으로 죽었다고 한다.

문벌 귀족 사회의 모순

문벌 귀족 사회는 특권과 혜택을 소수 사람만이 누리려는 욕심 때문에 만들어졌으며, 실제로 문벌 귀족 가문은 어마어마한 특혜를 누렸다. 그런데 그 과정에서 재산과 권위가 특정 집안사람들에게만 몰리자 그들 사이에 싸움이 벌어졌는데, 대표적인 인물이 이자겸이다.

이자겸 집안은 왕족과 연이어 혼인 관계를 맺으며 당대 최고의 외척 집안이 되어 권세를 누렸다. 하지만 이에 만족하지 않고 왕이 되려 한 이자겸의 꿈은 다른 문벌 귀족 가문에 의해 저지당했고, 결국 비참한 최후를 맞았다.

이처럼 실력이 아닌 가문의 힘만 믿는 사람들이 득세하자, 그 힘을 이용해 더 큰 욕심을 내는 사람들이 생겨났고 그들은 왕이 하는 일까지 간섭했다. 이러한 문제를 해결하려면 문벌 귀족 스스로 특권을 내려놓아야 하는데 그들 스스로 절대 그렇게 할 리가 없었다. 이 때문에 고려의 문벌 귀족 사회는 또 다른 사건에 휘말리며 위기를 자초했다.

아버지냐, 남편이냐? 인종 왕비의 선택

이자겸은 인종을 감금하고 죽일 계획까지 세웠다. 들키지 않고 가장 쉽게 왕을 죽이는 방법은 음식에 독약을 넣는 것이었다. 이에 이자겸은 독이 든 떡을 인종의 부인인 자신의 넷째 딸에게 건네 인종에게 가져다주게 했다.

이자겸의 넷째 딸은 떡에 독이 들어 있다는 것을 알면서도 아버지의 명령을 어길 수가 없었다. 그렇다고 남편이 죽는 것을 차마 그대로 두고 볼 수도 없는 노릇이었다. 그래서 떡을 들고 가다가 일부러 넘어져서 떡을 흘렸다. 떡이 땅에 떨어지자 까마귀가 날아와 먹었는데 그 자리에서 죽었다. 이 모습을 본 인종은 이자겸이 자신을 죽이려 한다는 사실을 알게 되어 이자겸을 몰아내는 거사를 감행했다.

결국 인종의 거사는 성공했고 이자겸은 관직에서 쫓겨나 귀양을 갔다. 인종의 목숨을 구한 이자겸의 넷째 딸은 아버지가 아닌 남편을 택했지만, 죄인의 딸이기에 폐위되어 궁에서 쫓겨나고 말았다.

황제의 자존심이 무너진 카노사의 굴욕

고려 인종이 이자겸의 기세에 눌려 왕의 체면이 구겨졌던 것처럼 서양에서도 자존심이 상한 왕이 있었으니 신성 로마 제국(지금의 독일)의 하인리히 4세다. 하인리히 4세는 교황 그레고리우스 7세에게 용서를 빌기 위해 눈 쌓인 1월의 매서운 추위 속에서 사흘 동안이나 카노사 성의 문 앞에 무릎을 꿇고 있어야 했다. 대체 이들 사이에는 무슨 일이 있었던 것일까?

국왕 하인리히 4세와 교황 그레고리우스 7세가 살던 중세 유럽에서는 가톨릭 주교가 되는 것이 굉장한 특권 중 하나였다. 왜냐하면 주교가 되면 직위를 받는 것에서 그치지 않고 봉토라고 불리는 땅도 받을 수 있기 때문이다. 봉토를 받으면 그 땅의 영주가 되어 그곳에 살고 있는 농민들을 통치할 수 있으니, 봉토를 받는 것만으로도 엄청난 특권이 아닐 수 없었다. 이런 이유로 주교를 임명하는 권한, 즉 서임권을 누가 갖느냐는 매우 중대한 문제였다.

주교가 받는 봉토는 국가의 땅이므로 서임권은 본래 황제에게 있었다. 하지만 주교는 가톨릭의 사제이므로 가톨릭 수장인 교황이 서임권을 갖는 것이 옳다는 의견이 대두되기 시작했다. 황제가 서임권을 갖고 있으니 황제에게 잘 보여 주교가 되려는 사람들이 생기면서 종교가 세속화되고 있다는 비판이 이어졌다. 실제로 당시에는 주교직을 사고팔거나 부도덕한 방법으로 재산을 모으는 주교들이 많아지면서 문제가 되고 있었다.

이런 상황에서 교황 자리에 오른 그레고리우스 7세는 서임권을 교황이 가져야 한다고 주장했으나, 황제 하인리히 4세는 이전부터 왕이 갖고 있던 서임권을 교황에게 넘길 생각이 추호도 없었다. 특히 황제의 입장에서는 서임권을 갖고 있어야 주교들에게 충성을 요구할 수 있고, 그래야 황제권이 강화될 수 있었다. 이 같은 이해관계 때문에 서임권을 두고 교황 그레고리우스 7세와 황제 하인리히 4세는 충돌했다.

먼저 공격에 나선 것은 교황이었다. 그레고리우스 7세는 황제의 주교 서임권을 금지하는 명령을 내렸다. 반격에 나선 하인리히 4세는 그레고리우스 7세를 교황 자리에서 폐위하겠다고 맞받아쳤다. 그러자 이번에는 그레고리우스 7세가 하인리히 4세를 파문했는데, 이는 하인리히 4세를 크리스트교도로 인정하지 않는다는 뜻이다. 당시 유럽은 크리스트교가 지배하는 사회로 왕은 당연히 크리스트교도여야 한다고 여겨졌다. 그런 사회에서 파문을 당했다는 것은 더 이상 왕이 아니라는 뜻이었다. 하인리히 4세는 자신을 파문한 교황에게 반발하여 맞서려 했으나, 하인리히 4세와 사이가 좋지 않던 제후들이 모두 교황 편을 들자 스스로 불리하다고 판단하고 일단 파문을 면하는 것이 시급하다고 생각했다.

하인리히 4세는 파문을 취소해 달라고 청하기 위해 교황을 만나러 이탈리아에 갔는데, 때는 1077년 1월 추운 겨울이었다. 교황 그레고리우스 7세가 있는 카노사성에 도착했지만 교황은 하인리히 4세를 만나 주지 않았다.

하인리히 4세는 카노사성 앞에 무릎을 꿇고 앉아 하염없이 그레고리우스 7세를 기다렸다. 결국 사흘이 지나고 나서야 그레고리우스 7세가 성 밖으로 나와 하인리히 4세의 파문을 취소했다. 이로써 하인리히 4세는 황제의 자리를 지킬 수 있었다. 그러나 황제가 추운 겨울 성 밖에서 교황에게 무릎을 꿇은 것은 굴욕적인 일이 아닐 수 없었다. 그래서 이 사건을 '카노사의 굴욕'이라고 부른다.

물론 이 둘의 싸움이 여기에서 막을 내린 것은 아니다. 그 뒤 세력이 강해진 하인리히 4세가 그레고리우스 7세를 교황 자리에서 폐위시키는 바람에 한동안 그레고리우스 7세는 성에 갇혀 지내야 했다. 하인리히 4세가 그레고리우스 7세에게 복수한 셈이다.

그런데도 역사는 하인리히 4세의 최종 승리보다 카노사의 굴욕을 더 중요한 사건으로 다룬다. 그 이유는 교황이 황제를 누른 첫 번째 사건이고 이를 계기로 교황의 권한이 강화되었기 때문이다.

그레고리우스 7세와 하인리히 4세의 사후에도 서임권을 둘러싼 교황과 황제의 갈등은 한동안 지속되었는데, 1122년 보름스 협약을 통해 서임권은 교황에게 있음이 최종적으로 결정되었다. 하인리히 4세 이전까지 황제가 쥐고 있던 서임권이 마침내 교황에게 넘어간 것이다. 황제의 자존심이 무너진 이 사건 후 황제의 힘은 지속적으로 약화되고 반대로 교황의 힘은 강해지기 시작했다. 이에 카노사의 굴욕은 교황의 힘이 황제를 능가하는 계기가 된 사건으로 평가된다.

대각 국사 의천은 원래 왕자였다?

현재 우리나라에는 다양한 종교가 존재하지만 삼국 시대부터 고려 시대까지 우리나라를 대표하는 종교는 불교다. 특히 고려 시대에는 불교의 권위가 무척 높아서 승려가 되면 여러 혜택을 누릴 수 있을 뿐 아니라 존경도 받을 수 있기에 승려가 되고자 하는 사람이 많았다.

그래서 고려 시대에는 시험을 보아서 합격한 사람만 승려가 될 수 있었다. 고려 시대의 승려 가운데 유명한 사람 중 한 명이 대각 국사 의천이다.

왕자 신분으로 승려가 된 의천

의천은 고려 제11대 왕 문종의 넷째 아들이다. 고려 왕실은 불교를 중시하여 왕의 아들 중 한 명은 의무적으로 승려가 되어야 했다. 이에 문종은 왕자들을 불러 놓고 누가 출가할 것인가를 물었다. 그때 의천이 출가를 자청하여 승려가 되었다고 한다. 궁에서 나와 절에서 공부하다가 열세 살에 승통(교단과 승려를 통솔하는 직책)이 된 의천은 공부를 게을리하지 않고 유교, 역사, 제자백가의 사상까지 두루 섭렵했다.

서른 살이 되던 해 송나라 정원 법사의 초청을 받고 송나라에

전라남도 선암사에 있는 대각 국사 의천 진영. 조선 시대 승려 화가 도일 비구가 1805년에 수정한 것으로, 빛나는 눈매와 꽉 다문 입, 주름살 등을 그려 학식과 수행이 높은 의천의 풍모를 잘 보여 준다(그림 16).

가려 했으나, 당시 왕이던 선종(의천의 형)이 고려에 남아 달라며 만류하자 초라한 옷차림으로 몰래 송나라로 가서 공부했다. 후에 이 사실을 알게 된 왕이 수행원을 보내 의천을 보호했고, 의천은 송나라 여러 곳에 머물며 불교 교리를 공부하다 천태종을 접하게 되었다.

고려로 돌아온 뒤에는 당대 최고의 절 흥왕사의 초대 주지가 되어 불경 수입과 간행 사업을 벌이는가 하면 왕의 스승이 되어 대각 국사라 불리며 고려 불교를 이끌었다. 또한 중국에서 배운 천태종을 중심으로 분열되어 있는 불교를 하나로 통합하기 위해 진력했다. 생애 후반에는 후학 양성과 왕실 교육에 힘쓰다 마흔일곱의 나이로 세상을 떠났다.

천태종과 불교 통합

대각 국사 의천은 왕자였다가 출가하여 승려가 되었는데 고려에서는 의천 같은 왕족 출신 승려가 많았다. 그럼에도 대각 국사 의천이 우리 역사에서 빛나는 까닭은 불교 통합과 나라 발전에 기여한 노력 때문이다.

고려 초기부터 불교는 교단 간 갈등이 심각했다. 신라 시대까지만 해도 교종이 주류를 이루었으나, 통일 신라 후기 선종이 유입되면서 두 교단이 공존했다. 두 종파는 사이가 좋지 않아 서로 교류하기는커녕 상대 종파의 교리를 헐뜯거나 흠집을 내기에 바빴다. 이런 현실을 안타깝게 여긴 의천은 교종과 선종의 통합을 위해 애쓰다가 천태종을 중심으로 두 종파를 합치려 했다. 천태종은 원래 중국에서 발달한 불교 교리로, 의천은 이를 우리 현실에 맞게 바꾸어 해동 천태종으로 발전시켰다. 해동 천태종은 교종의 이론을 중심으로 선종을 결합시킴으로써 교종과 선종의 통합을 이끌었다. 실제로 의천이 해동 천태종을 주창한 뒤 선종 승려의 60퍼센트 정도가 해동 천태종을 받아들일 정도로 의천의 통합 운동은 성과가 있었다고 한다.

의천에 의해 발달한 해동 천태종은 지금까지도 조계종과 더불어 우리나라 불교를 이끄는 양대 산맥이다. 또한 의천은 종파 간 갈등과 폐단을 바로잡아 교단을 정리하고 불교의 가르침으로 민심을 달래려 했다. 이런 의천의 노력이 해동 천태종으로 이어졌고 비록 완벽한 통합을 이루는 데에는 실패했지만, 교단의 통합과 고려 불교 발전에 크게 기여했다.

속장경 제작

대장경은 불경을 집대성한 경전으로 부처님의 설교를 기록한 경장, 모든 계율을 모은 율장, 불제자들의 논설을 모은 논장을 망라한 것이다. 고려 시대에는 목판 대장경 만드는 것을 중시했다.

부처님의 말씀을 모아 그 내용을 전부 나무에 새겨 두면 필요할 때마다 종이에 찍어 똑같은 책을 여러 권 만들 수 있었던 것이다.

목판 대장경을 최초로 만든 나라는 중국 송나라인데, 그 사실을 알게 된 고려는 독자적인 대장경 제작을 계획했다. 그러던 중 제8대 왕 현종이 거란의 침입으로 피란 갔을 당시 대장경 제작을 결정했다. 그 후 거란족이 물러나자 부처님의 힘으로 거란족을 막아 낸 것이라고 생각했다.

현종 때 만들기 시작한 대장경이 언제 완성되었는지 정확하지는 않지만 짧게는 41년, 길게는 77년이 걸렸다는 설이 있을 정도로 대장경 제작 작업은 오랜 기간이 소요되었다. 이렇게 만들어진 대장경을 고려 시대에 제작된 대장경 중 최초의 것이라 하여 '초조대장경'이라고 부른다. 이 초조대장경에는 부족한 부분이 많았다. 대장경은 부처님의 설법과 불교 계율 등을 전부 담고 있는 것인데 빠진 내용이 있었던 것이다. 이에 많은 불교인은 초조대장경을 보완한 새로운 대장경의 제작이 필요하다고 느끼면서도 쉽게 나서지 못했다.

이때 대장경 제작에 나선 사람이 대각 국사 의천이다. 의천은 초조대장경의 부족한 부분을 채우고자 송나라, 거란 등지에서 자료를 모아 대장경 제작에 나섰고 10여 년의 노력 끝에 완성했다. 이렇게 의천에 의해 만들어진 대장경을 초조대장경의 뒤를 이어

나온 대장경이라는 뜻에서 '속장경'이라고 부른다.

초조대장경과 속장경은 이후 여러 권의 책으로 인쇄되어 보급되는 등 고려 불교 발전에 크게 기여했다. 하지만 13세기에 몽골의 침략으로 불에 타는 바람에 현재 초조대장경과 속장경 목판은 남아 있지 않고, 다만 대장경 목판으로 찍어 낸 책이 일부 전해지고 있다.

의천은 속장경의 제작으로 고려 인쇄술 또한 발달시켰다. 지금까지 전해지는 속장경으로 찍어 낸 문서들은 비슷한 시기에 만들어진 중국의 대장경에 비해 기술력이나 내용 면에서 훨씬 우수하다는 평가를 받는다. 이런 훌륭한 문화재 속장경이 화재로 소실되어 지금은 전해지지 않는 것이 안타까울 따름이다.

묘청은 왜 수도를
옮기려 했을까?

고려 중기 사회를 이끈 지배층은 문벌 귀족이다. 그들은 음서와 공음전의 혜택을 누리며 정치적·경제적으로 주도권을 장악했는데, 문제는 그 주도권을 다른 사람들에게는 주지 않으려 하는 데 있었다. 문벌 귀족이 자신들만 특혜를 누리며 지배력을 유지하려 하자 문벌 귀족이 아닌 사람들의 불만이 커져 갔다. 이 불만이 원인이 되어 일어난 사건 중 하나가 묘청의 서경 천도 운동이다.

고려의 3경 제도
고려를 세운 왕건은 개경을 수도로 정하고 나라를 효율적으로 다스리기 위해 개경 외에 서경, 남경(지금의 서울)을 지정하여 중요하게 여겼다. 그리고 이 세 지역을 묶어 3경이라 불렀고 고려의 정치, 경제, 문화가 이 지역을 중심으로 발전했다.

왕건은 북진 정책 때문에 3경 중에서도 특히 서경을 중시했다. 영토를 북쪽으로 확장하기 위해서는 3경 가운데 가장 북쪽에 위치한 서경이 중요하다고 판단했다. 《훈요 10조》에서도 서경을 중시하라고 할 정도로 서경에 큰 의미를 부여했다.

하지만 고려의 수도는 개경이고 모든 귀족과 지배층은 개경에 살았다. 귀족들에게 개경은 특권의 땅이자 자신들의 근거지이기에 다른 지역 사람들을 무시했다. 말할 나위 없이 다른 지역에 사는 사람들은 불만이 많았다. 특히 서경에 사는 사람들은 중요한 지역에 살고 있음에도 차별당하고 있다고 느껴 불만이 높아졌다.

묘청의 서경 천도 운동

묘청은 어려서 승려가 된 서경 출신 인물로, 불교뿐 아니라 도교 사상에도 능통했다고 한다. 인종 재위 기간에 정계에 진출하여 활동하다가 왕의 개인 승려인 왕사가 되면서 정치에 영향력을 미치기 시작했다. 묘청은 서경 출신 문신 정지상과 각별한 사이였다.

묘청의 정치적 영향력이 커져 갈 즈음 고려는 안팎으로 위기를 맞고 있었다. 안으로는 문벌 귀족의 힘이 커지면서 왕의 힘이 쇠약해져서 정치가 어지러웠고, 밖으로는 여진족의 침략이 계속되고 있었다. 여진족의 침략을 막아 내지 못해 고려는 신하 취급을 받고 있었다. 이런 위기 상황을 극복하고자 문벌 귀족이 아닌 새로운 인물을 찾고 있던 인종의 눈에 띈 사람이 묘청이다.

묘청은 정지상과 손잡고 서경 천도 운동을 전개했다. 묘청은 개경의 기운이 이미 쇠한 데다 이자겸의 난이 발생하여 혼란스러우니 왕의 기운이 강한 서경으로 수도를 옮기자고 주장했다. 덧붙여 서경 천도가 이루어진다면 고려를 침략한 여진족이 스스로 항복할 것이고, 뒤이어 여러 유목 민족의 항복도 받아 낼 수 있어 고려의 새로운 전성기가 시작될 것이라고 했다.

묘청과 정지상은 관료들의 지지를 얻어 서경 천도를 주장하고 인종 역시 찬성했다. 서경에서는 새로운 궁전을 짓는 공사가 시작되었는데, 반대 세력의 반발 또한 만만치 않았다. 정권을 쥐고 있는 문벌 귀족들은 당연히 서경 천도에 반대했다. 고려의 수도가 서경으로 옮겨진다면, 자신들이 누리는 특권이 줄어들 것이라고 생각했기 때문이다.

서경 천도에 반대한 문벌 귀족의 대표 인물은 김부식이다. 김부식은 여러 문벌 귀족과 손잡고 서경 천도에 반대하는 상소를 올렸고, 왕은 서경 천도에 부담을 느끼게 되었다. 때마침 인종이 서경으로 이동하던 중 갑자기 폭우를 만나 함께 가던 사람들과 말이 죽고, 벼락이 치면서 서경에 짓고 있는 새 궁궐에 화재가 났다. 불길한 일이 잇달아 일어나자, 묘청의 주장과는 달리 서경의 기운이 좋지 않다는 불안감이 커지면서 서경 천도는 위기를 맞았다.

결국 악화된 여론과 문벌 귀족의 반발에 부담을 느낀 인종은 서경 천도를 포기했다. 그러나 묘청은 거듭 서경 천도를 주장하면서 스스로 서경을 중심으로 나라를 세우겠다며 반란을 일으켰다. 국호를 대위, 연호를 천개로 정한 후 여진족에 대항하는 자주적인 나라를 세우겠다며 반란의 이유를 밝혔다. 하지만 김부식이 이끈 관군에게 1년 만에 진압되면서 묘청의 서경 천도 운동은 막을 내렸다.

묘청의 자주적 역사관

묘청이 서경 천도 운동을 하게 된 이유는 수도를 자신의 고향인 서경으로 옮기겠다는 단순한 의지 때문만은 아니었다. 이 운동의 배경에는 자주적이고 민족적인 묘청의 역사의식이 반영되어 있다.

사회의 주도권을 장악하고 있는 문벌 귀족은 보수 계층으로 국가의 위상보다는 자신의 재산과 지위를 지키는 데에 더 관심을 기울였다. 여진족이 처음 쳐들어왔을 때 고려의 집권자는 이자겸이었는데, 이자겸은 여진족에 맞서 싸우기보다는 화해를 택했다. 그 결과 이전까지 여진족의 섬김을 받던 고려는 여진족과 형제관계를 맺고 동등한 위치가 되었다. 또다시 쳐들어온 여진족은 고려에게 자신을 섬기라고 요구했다. 게다가 해마다 곡식과 가축 등을 바치라고 강요했다. 그리고 김부식을 비롯한 문벌 귀족은 전쟁을 피하기 위해 여진족의 요구를 받아들이기로 결정했다.

이처럼 문벌 귀족이 전쟁 대신 화해를 택한 것은 전쟁을 할 경우 자신들이 누리는 특권이 줄어들까 우려해서였다. 문벌 귀족은 국가의 위상이나 백성들의 경제적 부담보다 자신들이 잘 먹고 잘사는 것이 중요했다.

묘청은 생각이 달랐다. 묘청은 인종에게 수도를 서경으로 천도한 후 황제임을 선언하고 연호를 제정하도록 청했다. 고려가 중국과 동등한 나라임을 만천하에 알려 나라의 위상을 높이고 여진족과의 전쟁에서 우위를 점하기 위함이었다. 이런 까닭에 역사학자 신채호는 묘청의 서경 천도 운동을 '조선 역사 1천 년 이래 최대 사건'이라고 평가했다.

여진족을 몰아낸 윤관

고려가 처음부터 여진족과의 전쟁을 회피한 것은 아니다. 예종 때 윤관은 별무반을 조직하여 여진족을 정벌하고 빼앗은 땅에 동북 9성을 축조했다(1107년). 별무반은 고려 군대가 여진 군대에 번번이 패하자 윤관의 건의로 새롭게 편성한 특수 부대다. 고려 군대가 패하는 원인이 기병 중심의 여진 군대를 보병 중심의 고려 군대가 당해 내지 못하기 때문이라고 분석한 윤관은 기병을 보충한 특수 부대를 구상했다. 그 결과 별무반은 신기군(기병), 신보군(보병), 항마군(승려 부대)으로 구성되었고 큰 전과를 올리며 여진족을 정벌했다.

하지만 땅을 뺏긴 여진족이 계속해서 고려를 침략했기에 화친을 위해 동북 9성을 돌려주었다. 그 후 강성해진 여진족이 고려를 침략하자 이자겸 등 문벌 귀족이 여진족의 요구를 그대로 수용하면서 고려는 여진족을 섬기는 나라로 전락해 버렸다.

우리나라에서 가장 오래된 역사책 《삼국사기》

묘청의 서경 천도 운동을 진압한 김부식은 고려 시대 대표 문벌 귀족이자 역사책 《삼국사기》의 저자로 유명하다. 김부식이 저술한 《삼국사기》는 현존하는 우리나라 역사책 가운데 가장 오래된 것으로, 우리가 알고 있는 삼국 시대의 이야기나 인물에 대한 정보가 가장 많이 기록되어 있다.

오늘날 《삼국사기》는 여러 측면에서 비판받고 있는데 가장 큰 이유는 신라 중심 역사관 때문이다. 김부식은 우리나라의 기원을 신라로 보고 신라 중심으로 삼국의 역사를 기록했다. 그러다 보니 자연히 신라에 대한 기록은 많은 반면, 고구려와 백제에 대한 기록은 부실하다. 신라 이전의 나라인 고조선, 부여 등에 대한 내용도 기록하지 않았다.

이 같은 한계는 있지만 《삼국사기》는 삼국 시대에 관한 방대한 내용이 기록되어 있는 귀한 역사책이자, 우리나라 최초로 기전체 서술(주제별 역사 기록)을 채택했다는 점에서 그 가치가 높다.

유럽에 변화를 몰고 온 십자군 전쟁

고려가 여진족과의 전쟁으로 어려움을 겪은 시기에 서양에서도 굵직한 전쟁이 벌어졌는데 바로 십자군 전쟁이다.

십자군 전쟁은 1096~1270년에 치러진 전쟁으로, 교황 우르바누스 2세의 제창으로 시작되었다. 유목 민족인 셀주크 튀르크는 11세기부터 강성해지더니 바그다드를 중심으로 서아시아 일대를 점령했다. 셀주크 튀르크의 점령지에는 크리스트교 성지 예루살렘이 포함되어 있었는데, 이슬람교를 신봉하는 셀주크 튀르크는 크리스트교도의 예루살렘 성지 순례를 방해했다. 이에 크리스트교도들이 예루살렘을 되찾자며 시작한 전쟁이 십자군 전쟁이다. 전쟁에 참여한 기사들의 가슴과 어깨에 십자가 표시가 있어 십자군이라고 불렀고, 그들이 참여한 전쟁을 십자군 전쟁이라고 명명했다.

예루살렘을 되찾자는 기치 아래 서유럽의 황제, 기사, 심지어 농민까지 참여했지만 십자군 전쟁은 목적을 이루지 못했다. 서유럽의 힘이 셀주크 튀르크보다 강했음에도 전쟁에 참여한 이들

1204년 콘스탄티노플을 침공한 제4차 십자군 전쟁의 세밀화. 종교적 동기로 시작된 십자군 전쟁이지만 십자군은 비잔티움 제국의 수도 콘스탄티노플에서 닥치는 대로 약탈과 살육을 일삼았다. 이 전쟁으로 베네치아 공화국이 해상 제국으로 부상했다(그림 17).

의 이해관계가 충돌하면서 전쟁은 엉망이 되어 갔다. 170여 년에 걸쳐 일곱 차례 전쟁을 치렀으나, 정작 예루살렘을 되찾은 것은 제1차 원정대뿐이고 그마저도 얼마 지나지 않아 다시 뺏기고 말았다.

황당한 일이 벌어진 적도 있다. 네 번째로 조직된 십자군은 베네치아에 집결한 병력이 예상보다 적은 데다 베네치아 상인에게 지불할 선박료를 조달하지 못했다. 그러자 베네치아 상인들은 같은 크리스트교도가 살고 있는 아드리아해 연안의 도시 자라를 빼앗아 달라고 요구했으며, 십자군은 이를 받아들여 자라를 공격하고 약탈했다.

후에 이 사실을 알게 된 교황은 십자군을 파면했다. 하지만 그들은 다시 크리스트교 국가인 비잔티움 제국의 수도 콘스탄티노플을 공격하여 교회의 유물과 보물을 약탈했다. 모두 돈을 벌기 위해 일어난 일이다.

비극적인 일 또한 발생했다. 십자군의 약탈이 이어지자 십자군의 순수성이 중요하다며 프랑스와 독일에서는 평균 연령 12.3세의 소년 십자군이 결성되었다. 그러나 소년 십자군이 탄 배 일곱 척 가운데 두 척이 난파되어 많은 어린아이들이 아까운 목숨을 잃었고, 살아 남은 소년들은 상인에게 속아 알렉산드리아에 노예로 팔려 갔다. 다행히 알렉산드리아 이슬람 지도자의 선처로 어린아이 700여 명은 노예에서 풀려나 집으로 돌아갈 수 있었다.

성지 예루살렘을 탈환하겠다며 결성된 십자군이지만, 정작 전쟁에 참여한 사람들은 자신의 이익만을 챙기기에 급급했다. 결국 전쟁의 본래 의미는 사라지고 비극적인 사건과 사고만 남긴 채 십자군 전쟁은 끝이 나고 말았다.

십자군 전쟁의 패배 과정에서 유럽 사회는 큰 변화를 겪지 않을 수 없었다. 처음 십자군 전쟁을 주창한 교황의 권위는 추락한 반면, 교황과 대립하는 왕의 세력은 강화되었다. 그리고 중세 유럽의 상징과도 같은 존재인 기사들은 몰락한 반면, 십자군 지원을 이유로 여러 지역의 상권을 접하게 된 상인들은 성장하기 시작했다. 중세 유럽의 모습은 13세기 이후 크게 흔들리기 시작하여 14세기 르네상스와 15세기 종교 개혁을 거치면서 완전히 변모하게 되었는데 그 출발점이 된 사건이 다름 아닌 십자군 전쟁이다.

무신은 왜 정변을
일으켰을까?

옛날에는 정치는 글공부를 한 문신이, 전쟁은 무술을 익힌 무신이 담당한다고 생각했기에 왕을 보좌하고 국가를 통치하는 것은 문신들의 몫이었다. 따라서 무신보다 문신이 우월한 대접을 받았다.

그런데 고려 시대에는 문신에 대한 우대가 지나쳐 무신에 대한 차별이 어느 시대보다 심각했다. 관직 서열은 물론이거니와 업무와 상관없는 일상생활에까지 차별이 이어졌다. 급기야 무신들의 불만이 폭발하여 대규모 반란이 일어났다.

무과 시험조차 없는 무신 등용 제도

고려 시대에는 무신을 천대하고 멸시하는 사회 풍조가 만연했다. 신라 말기 사병을 거느린 호족 때문에 나라가 흔들렸던 사실을 알고 있는 왕건은 고려를 세운 후 왕권 강화라는 명목하에 군인들의 지위를 낮추어 버렸다. 게다가 문벌 귀족이 사회를 주도하면서 글공부하는 사람들에 대한 처우는 개선된 반면, 칼 쓰는 사람들은 무식한 사람으로 인식되었다.

무신이 얼마나 차별받았는지는 과거 제도만 보아도 알 수 있다. 고려에서는 광종 때부터 과거를 실시했는데 과거에는 문과, 잡과, 승과가 있었다. 글공부를 해서 관리가 되는 문과, 기술을 시험하여 관리를 뽑는 잡과, 불교 승려가 되기 위한 승과가 운영되었지만 무관을 뽑는 무과 시험은 아예 없었다. 무과가 없는 대신 무술이나 힘이 센 정도를 평가하여 군인을 선발하거나 아버지가 군인이면 대를 이어 군인이 되는 경우가 대부분이었다. 이렇듯 군인 선발이 과거를 통해 이루어지지 않다 보니 군인 중에서는 높은 관직에 올라갈 수 있는 사람이 없었다.

사실 거란의 제1차 침입을 막아 낸 서희, 제3차 침입을 귀주대첩으로 막고 천리장성을 축조한 강감찬, 여진족을 몰아내고 동북 9성을 쌓은 윤관, 서경 천도 운동을 저지하고 묘청을 제압한 김부식 등은 모두 문신이다. 군인이 높은 관직에 올라갈 수 없으므

로 군대를 이끄는 장군직을 문신이 차지한 것이다.

상황이 이러하니 무신이 불만을 품는 것은 자연스러웠다. 아무리 실력이 뛰어나고 전쟁에서 큰 공을 세운들 군인은 장군이 될 수 없었다. 또 문신이 은연중에 무신을 무시하는 일이 비일비재했다.

무신들의 불만이 폭발한 무신 정변

고려 제18대 왕 의종은 유독 향락을 즐겨 틈만 나면 나들이를 가서 술을 마시며 놀았다. 그때마다 왕을 호위하는 무신들은 멍하니 서서 왕과 관료들이 노는 모습을 지켜보아야 했다. 노는 것을 좋아하는 왕이다 보니 왕의 사생활을 관리하는 내관의 지위도 이전보다 높아져 나중에는 내관들마저 무신들을 무시했다.

어느 날 의종은 보현사에 놀러 가다가 공터를 발견하고는 관료들에게 수박희를 시켰다. 수박희는 택견처럼 손을 사용하여 상대를 제압하는 것으로 오늘날의 씨름과 비슷한 무예다. 의종은 무신들이 매일같이 자신을 보좌하느라 고생한다며 무신들도 참가시켰는데 도중에 문제가 발생했다.

나이 많은 무신 이소응이 새내기 문신 한뢰와 붙었는데 노쇠한 이소응이 한뢰에게 진 것이다. 그러자 한뢰는 무신이 문신도 못 이기냐며 이소응의 뺨을 때리고 바닥에 패대기쳤다. 할아버지 겨인 이소응을 한뢰가 무시하며 함부로 대한 것이다. 더구나 이 모습을 지켜본 문신들이 재미있다며 박장대소하자 무신들은 자존심에 큰 상처를 받았다. 무신들은 이를 계기로 더 이상 참을 수 없다고 판단하여 반란을 일으켰다. 이것이 무신 정변이다.

무신 정변은 이의방, 이고, 정중부 등을 중심으로 하는 무신들이 문신들을 죽이면서 시작되었다. 놀란 문신들은 도망가느라 우왕좌왕했고 화가 날 대로 나 있는 무신들은 문신들을 잡아 죽이고는 의종을 거제도로 귀양 보냈다. 그러고는 명종을 왕의 자리에 앉히고 새로운 정치를 시작했다.

이후 무신들이 정치를 주도하는 무신 정치의 막이 올라 100년이나 이어져 무신 정권은 1270년이 되어서야 끝이 난다. 이 시기 명종부터 원종까지 왕이 여섯 명 존재했으나, 이들은 사실상 무신의 말에 따라 움직이는 꼭두각시에 불과했다.

무신 정치의 전개

이의방, 이고, 정중부가 주도하여 무신 정변을 일으킨 뒤 무신들은 협의 기구인 중방에 모여 정사를 논의했다. 하지만 이의방이 이고를 죽이고 세력을 확장하자 다른 무신들은 이의방을 두려워하게 되었다. 결국 이의방이 대표가 되어 정치를 주도했다. 이의방은 왕의 집안과 사돈 관계를 맺고 최고 집권자가 되어 정치를 손아귀에 넣으려 했지만, 집권 4년 만에 정중부에게 살해당했다. 원래 무신들의 신임이 두텁던 정중부는 야심차게 정치를 시작했으나, 공포 정치를 펼쳐 다른 무신들의 불만을 사 집권 5년 만에 경대승에게 죽임을 당했다.

최고 집권자가 된 경대승은 이의방, 정중부처럼 자신도 언제 살해될지 몰라 불안했다. 그러던 중 한밤중에 친 천둥, 번개 소리에 놀라 병을 얻은 경대승은 집권 4년 만에 병사했다. 경대승에 이어 정권을 잡은 사람은 이의민이다. 이의민은 천민 출신이어서 군인이 될 수 없는 신분이었으나 기골이 장대하고 힘이 장사인 덕에 발탁되어 전쟁에서 공을 세우면서 능력을 인정받았다. 특히 수박희를 잘해서 의종의 신뢰를 받았다고 한다. 가장 낮은 신분인 천민으로 태어나서 최고의 자리까지 오른 이의민은 13년 동안 집권했다. 그러나 이의민의 아들과 사이가 좋지 않은 최충헌에 의해 살해되면서 이의민의 집권은 끝이 났다.

이의민에 이어 권력을 잡은 최충헌은 또다시 무신 집권자가 살해당하는 일은 없어야 한다고 생각했다. 이에 자신의 권한을 극대화하여 감히 아랫사람이 넘보지 못하도록 했다. 또한 자신을 지키는 호위 부대의 인원을 늘리고 특별 훈련을 시켜 보안을 강화했다. 최충헌의 뒤를 이어 최고 권력자 자리에 오른 아들 최우는 무신끼리 펼치는 정치에 한계가 있다고 인식했다. 이에 인사 기구인 정방을 설치하고 새로운 관리로 주로 문신을 등용했다. 이 때문에 최우 집권 시기에는 다른 무신 집권 때와는 달리 학문이 발전할 수 있었다.

최충헌과 최우는 각각 23년, 30년간 통치하며 안정적인 정치를 펼쳐 나갔다. 최우 사후 권력을 이어받은 아들 최항이 8년 만에 죽고 어린 최의가 집권하자, 잠잠하던 무신들이 들고일어났다. 최의 집권 1년 만에 최항의 측근이던 김준이 최의를 죽이고 최고 집권자 자리에 앉았으나, 임연이 또다시 김준을 죽이고 그 자리를 차지했다. 그리고 임연의 뒤를 이어 최고 권력자 자리에 오른 임연의 아들 임유무가 고려 왕 원종에게 죽임을 당하면서 100년간 이어져 온 무신 정권 시대는 대단원의 막을 내렸다.

혼돈의 시기 무신 정권

무신 정변은 많은 사람을 죽음으로 내몬 비극적인 사건이다. 심지어 무신 정변을 주도한 무신들 역시 결국 다른 사람에게 죽임을 당하며 생을 마감했다. 이런 사건이 벌어진 근본 원인은 무조건 문신은 우대하고 무신은 천대한 고려의 사회 분위기에 있다. 즉 무신은 차별해도 된다는 그릇된 편견이 가져온 무서운 사건인 것이다.

무신들의 정치는 결과적으로 볼 때 옳지 못한 정치였다. 그간 차별받아 오던 무신들은 정치의 주도권을 잡자, 욕심을 채우기 위해 불법으로 재물과 땅을 손에 넣으려 했고 그 과정에서 백성들이 입은 피해는 컸다. 실제로 고려 시대 전체를 통틀어 농민과 천민 들의 봉기가 가장 많이 일어난 시기는 무신 집권기다.

대외적으로도 문제가 있었다. 무신 집권기에 몽골이 쳐들어오면서 고려는 전쟁에 휘말렸다. 이에 백성들은 무려 40년간 몽골군과 맞서 싸워야 했으나, 정작 집권 세력인 무신들은 앞장서서 싸우기는커녕 강화도에 숨어 지냈다.

그럼에도 이 모든 사건의 책임을 무신에게만 돌릴 수는 없다. 무신들이 정변까지 일으키며 많은 사람을 죽이고 정치를 담당하겠다고 나서게 된 이유는 무신들을 무시하고 능력을 인정하지 않은 고려의 잘못된 정치적 관행에 있기 때문이다.

일본 막부의 탄생, 가마쿠라 막부

고려에서 무신 정변이 일어나 무신들이 정치의 주도권을 잡아 갈 즈음 일본에서도 무사들이 정권을 잡는 일이 벌어졌다. 그 정부를 '막부'라고 부르는데, 고려의 무신 정권이 100년 만에 끝난 반면, 일본의 막부는 700년 가까이 지속되며 일본의 정치를 다른 나라의 정치와 완전히 다른 것으로 만들었다.

일본에서는 상왕 제도라는 독특한 정치 문화가 생기면서 무사 간 대립이 빈번하게 발생했다. 대부분의 나라에서는 왕이 죽고 나면 그 아들이 왕의 자리를 물려받아 정치를 하는 것이 일반적이었다. 그런데 일본에서는 왕이 죽기 전 아들에게 왕위를 물려주고, 왕은 상왕 자리에 앉아 정치에 간섭하는 제도가 있었다. 상왕 제도는 상왕이 되면 신하의 간섭 없이 아들 왕을 도와줄 수 있기에 시작되었다. 하지만 시간이 흐르며 왕과 상왕의 의견이 다른 경우가 생겼고, 그러한 때에는 왕과 상왕을 지지하는 세력 사이에 전쟁이 벌어지기도 했다.

호겐의 난은 왕을 지지하는 무사 집안과 상왕을 지지하는 무사 집안 간에 벌어진 대표적 전쟁이다. 그런데 전쟁이 끝난 후 승리한 왕을 지지하는 세력 사이에 다시 갈등이 생겨 미나모토노 요시토모와 다이라노 기요모리는 또다시 전쟁을 벌였다. 여기에서 다이라노 기요모리가 승리를 거두며 미나모토 집안사람들은 대부분 죽임을 당했다. 열네 살이던 셋째 아들 미나모토노 요리토모만이 유일하게 죽음을 면하고 유배를 떠났다.

미나모토노 요리토모가 무려 20년에 이르는 유배 생활을 하고 있을 때 권력을 독점한 다이라 집안의 횡포는 이어졌고 이에 불만을 가진 사람들이 생겨났다. 다이라 집안을 몰아내기 위해 여러 군인이 거병을 했는데, 이때 미나모토 요리토모노 역시 참전하여 결국 다이라 집안은 몰락했다. 이후 미나모토노 요리토모는 자신을 도운 동생과 사촌 들까지 모조리 죽이고는 권력을 쥐었다.

권력을 장악한 미나모토노 요리토모는 공을 세운 군인들에게 지방의 땅을 나누어 주었는데 땅을 받은 군인들은 슈고 다이묘, 즉 영주가 되어 그 땅에서 행정권·군사권·사법권을 모두 갖고 군림할 수 있었다. 그리고 미나모토노 요리토모는 왕으로부터 세이이타이쇼군(흔히 쇼군으로 줄여서 부른다)의 칭호를 하사받았다.

이러한 권력의 변화는 일본의 정치를 완전히 바꾸어 놓았다.

가마쿠라 막부를 세운 미나모토노 요리토모. 가마쿠라 막부에서 시작된 무가 정치는 메이지 유신 때까지 이어졌다(그림 18).

이전까지 일본은 힘이 강하건 약하건 왕이 중심이 되어 정치를 하고 군인은 왕을 돕는 조력자에 불과했다. 그런데 군인들이 지방의 슈고 다이묘가 되는 과정에서 이들을 임명하고 땅을 준 사람은 왕이 아닌 쇼군이었다. 그러니 지방의 슈고 다이묘, 즉 지방을 통치하는 사람들은 왕이 아닌 쇼군에게 충성을 다해야 했다. 게다가 슈고 다이묘는 행정관이 아닌 군인이고 중앙의 쇼군 역시 군인이니, 이제 일본은 군인이 중앙과 지방 정치 모두를 책임지는 계층으로 성장하게 된 것이다. 이렇게 군인들이 정치의 중심 세력이 된 일본의 정치 형태는 '막부'라고 부르고, 미나모토노 요리토모가 세운 막부는 가마쿠라 지방을 근거지로 했으므로

'가마쿠라 막부'라고 부른다.

미나모토노 요리토모는 스스로 왕이 되지는 않았다. 왕의 자리에 앉기보다 왕으로부터 쇼군으로 인정받아 무사의 대표자가 되어 지방 곳곳에 배치된 무사 출신 슈고 다이묘를 휘하에 두는 것이 낫다고 판단했다.

막부 정치 시기에 왕이 존재하기는 했지만 정치는 쇼군이 도맡아서 했다. 왕은 이름만 왕일 뿐 수도에서 벗어나 생활할 수조차 없는 허수아비에 불과했다. 일본에서는 이러한 정치 형태가 700년 가까이 이어졌고 막부가 위치한 지역의 이름에 따라 각각 가마쿠라 막부, 무로마치 막부, 에도 막부라고 일컫는다.

고려의 무신 정권 역시 왕을 몰아내지 않고 꼭두각시로 만든 뒤 사실상 무신이 모든 권력을 쥐고 있었으니 형태나 성격 면에서는 일본의 막부와 유사하다. 하지만 고려 무신들이 중앙 권력의 장악에만 관심을 가진 반면, 일본의 무사들은 중앙뿐 아니라 지방 정치까지 담당했다. 그리고 중앙의 쇼군과 지방의 슈고 다이묘는 땅이라는 경제적 매개체로 끈끈하게 묶여 있어 슈고 다이묘는 쇼군에게 충성을 다해야 했다. 고려의 무신 정권이 한시적인 반란의 성격을 띤 것이라면, 일본의 막부는 새로운 정치 형태이자 일본만의 특징이 되었다.

노비 만적은 어떤 주장을 했을까?

사회가 근대화하면서 생긴 큰 변화 중 하나는 신분제가 사라지고 평등한 사회가 되었다는 것이다. 옛날에는 대부분의 사회에 신분제가 존재하며 사회생활, 직업, 일상생활 등 모든 면에서 사람들의 행동과 생각을 지배했다. 신분이 낮은 사람은 신분이 높은 사람에게 맞설 수 없고 절대 복종해야 했다.

그리고 사람들은 그런 차별을 당연하게 여겼다. 신분은 태어날 때부터 정해진 것이므로 함부로 바꾸거나 어길 수 없다고 생각했다. 하지만 그런 생각을 뒤집으려 한 사람이 있었다.

고려 시대의 신분 제도

고려 시대에는 네 개의 신분이 있었다. 가장 높은 계층은 귀족이다. 이들은 사회적으로나 정치적으로 온갖 혜택을 누리며 사회를 지배했다. 음서제를 통해 과거를 보지 않고 추천만으로도 관리가 될 수 있으며, 후손에게 물려줄 수 있는 땅인 공음전을 받아 생활하므로 경제적으로 안정된 생활을 할 수 있었다. 이들은 고위 관직을 독점하며 혜택을 대물림하고 왕족과 혼인 관계를 맺기도 했다.

두 번째 신분은 중류라고 불리는 사람들이다. 이들은 지금으로 따지면 전문직에 해당하는 사람들이다. 외국과의 통역을 담당하는 역관, 아픈 사람을 치료하는 의관, 나라를 지키는 군인, 궁에서 일하는 전문 관리 등이 여기에 속한다. 이들은 몸을 써서 일해야 했기에 귀족처럼 높은 신분은 아니지만, 일을 하려면 전문 지식을 공부하여 시험에 통과해야 했다. 중류는 귀족 같은 특권을 누리지는 못했으나 어느 정도 넉넉한 생활을 했다.

세 번째 신분은 평민이다. 평민에는 농민, 어민, 상인 등이 속하는데 농업에 종사하는 농민의 수가 가장 많았다. 대다수 백성은 평민에 속했고 이들이 내는 세금으로 나라가 운영되었기에 어찌 보면 가장 중요한 신분이다. 그러나 이들은 사회적으로나 정치적으로나 인정받기는커녕 귀족이나 중류에 비해 천대받았다.

가장 낮은 네 번째 신분은 천민이다. 천민에는 천한 일이라 여겨진 봉화 지키는 사람, 역을 관리하는 사람, 광대 등이 포함되었는데 가장 큰 비중을 차지한 것은 노비다. 천민은 천한 일을 한다고 업신여김을 받았을 뿐만 아니라 사람이라기보다는 재산으로 여겨졌다. 특히 노비는 사고팔 수 있는 데다 자손에게 상속하기도 했으며, 도망친 노비를 죽이는 일도 주인 마음대로 할 수 있었다.

신분은 대부분 태어날 때 이미 결정되고 부모의 신분에 따라 본인의 신분이 정해졌다. 만약 평민이 과거를 보아서 합격하면 신분 상승이 가능하지만 현실적으로 평민이 과거에 합격한다는 것 자체가 불가능했고, 실제로 평민 출신으로 문과 과거 시험에 합격하여 고위 관직에 올라간 사례는 없다.

과거에 합격하려면 귀족 자제도 다섯 살부터 매일 공부만 한 경우, 20년 후에나 합격할 수 있을 정도로 과거 시험은 어려웠다. 그런데 평민은 먹고살기 위해 생업에 종사해야 하니 사실 공부하고 과거 시험을 본다는 것은 불가능했다. 귀족의 아들마저 웬만하면 과거보다는 음서를 통해 관직에 오르려고 한 것만 보아도 과거 시험이 얼마나 어려웠는지 짐작할 수 있다.

이렇듯 신분제는 폐쇄적인 제도였기에 신분이 바뀐다는 것은 상상할 수 없었다. 천민은 억압받거나 억울한 일을 당해도 그 역시 천민으로 태어난 본인의 몫이라고 여겼다.

신분 행방을 외친 만적의 난

만적은 고려 무신 정권의 최고 집권자 최충헌의 노비였다. 만적은 1198년 동료 노비들과 함께 "장상의 씨가 어찌 따로 있으랴. 때가 오면 누구나 할 수 있는 것이다"라며 반란을 준비했다. 여기에서 '장상'이란 고위 관직에 있는 귀족을 의미한다. 또한 만적은 "우리만 어찌 근골을 수고롭게 하며 매질 밑에서 곤욕을 당해야만 하는가"라며 노비에 대한 차별에 반기를 들어 다른 노비들의 동조를 얻었다.

만적은 자신처럼 개인적으로 주인을 모시는 노비들이 먼저 들고일어나면 관청에 속한 다른 노비들과 천민들이 가담하여 반란이 성공할 것이라 생각했다. 그리고 봉기하기로 한 날 모인 노비의 수가 적어 연기했는데, 유학자 한충유의 노비 순정이 이 사실을 주인 한충유에게 알리고 말았다.

노비들의 계획을 알게 된 한충유가 이를 다른 사람들에게 알려 만적을 비롯한 봉기 주동자 100여 명이 체포되어 강에 던져짐으로써 만적이 계획한 반란은 실패했다. 한편 반란 사실을 알린 순정은 돈을 받고 노비 신분에서 벗어났다.

이처럼 만적의 난은 허무하게 끝났지만 만적의 난이 남긴 역사적 의의는 결코 가볍지 않다. 만적은 우리나라에서 최초로 신분 해방을 외치며 신분제에 반대한 인물이다. 그리고 만적의 주장은 많은 사람의 공감을 얻었다. 주장은 사람들에게 전해졌다. 봉기하기로 한 날 노비들이 생각보다 적게 모였다고는 하나 그 수가 몇백에 이르렀다고 한다. 그만큼 만적의 주장에 공감한 사람이 많았다.

비록 만적의 난은 좌절되었지만 이후 고려에서는 천대받는 사람들의 반란이 이어졌다. 농민이 주도하여 일으킨 김사미와 효심의 난, 전주 관청의 노비들이 일으킨 전주 관노의 난 등이 그것이다. 그중에서도 주목할 만한 것은 망이·망소이의 난이다.

고려 시대에는 일반 평민보다 무거운 세금을 내야 하고 다른 마을로 이사 가지 못하는 등 차별받는 사람들이 있었다. 이들은 한 마을에 모여 살아야만 했는데 마을 이름 뒤에는 향, 부곡, 소를 붙여 다른 마을과 구별했다.

망이와 망소이가 살던 공주 명학소는 그런 마을 중 하나였고 명학소 사람들의 생활은 일반 백성보다 궁핍했다. 이에 망이와 망소이는 차별 대우가 부당하다며 반란을 일으켰고 많은 사람이 이에 동조했다. 망이와 망소이가 반란을 일으켰을 때 고려는 이전에 발생한 반란을 진압하느라 어려움에 빠져 있는 탓에 고려 정부군은 망이·망소이 세력과의 싸움에서 연이어 패배했다. 반란은 1년여 동안 이어지다가 정부와 반란군 간에 화해가 맺어지면서 끝나는 듯했다. 하지만 정부가 반란군의 가족을 잡아가면서 망이·망소이의 난은 다시 시작되어 6개월 동안 정부군과 반란군 간에 싸움이 지속되다가 반란군의 주도 세력이 정부군에 붙잡히며 비로소 진정되었다.

망이·망소이의 난은 공주 명학소처럼 차별받는 마을 사람들을 자극했다. 고려 말기부터 고려 정부는 차별받는 마을인 향·부곡·소를 없애기 시작했고, 조선 시대에는 향·부곡·소 같은 특수 행정 구역을 만들지 않았다. 이렇게 차별받는 마을이 없어지는 계기가 된 사건이 망이·망소이의 난이다.

몽골의 침략을
어떻게 40년이나
막았을까?

고려는 이민족의 침략을 여러 차례 받았다. 초기에는 거란, 중기에는 여진, 무신 집권기에는 몽골, 말기에는 홍건적과 왜구까지 이민족의 침략은 끊이지 않고 이어졌다. 이런 이민족의 침략 가운데 고려를 가장 힘들게 하고 가장 큰 피해를 안긴 것은 몽골이다.

세계에서 가장 넓은 땅을 차지한 몽골

고려 왕조 시기 만주와 중국 주변 지역에서는 유목 민족의 성장이 두드러졌다. 거란족, 여진족, 탕구트족 등이 나라를 세워 서로 교류하기도 하고 대적하기도 하며 동아시아 정세를 이끌었다. 이때 유목 민족, 중국 송나라, 나아가 서아시아와 동아시아를 넘어 동유럽 나라들까지 점령하며 세계 최고의 국가로 성장한 민족이 있었으니 바로 몽골족이다. 원래 몽골족은 내부 분열과 다툼이 잦아 유목 민족 중 그리 눈에 띄지 않는 민족이었으나 칭기즈 칸의 등장으로 완전히 다른 면모를 갖추었다.

테무친(후에 칭기즈 칸이 된다)은 부족장이던 아버지가 다른 부족장에게 죽임을 당한 후 어린 시절 어머니와 함께 산에 숨어 나무껍질로 연명하며 살았다. 어머니는 숨어 지내면서도 테무친에게 언젠가는 부족을 통일하여 지도해야 할 막중한 책임이 있다는 사실을 상기시켰고, 테무친은 빼앗긴 자신의 부족을 되찾아 훌륭한 지도자가 되겠다고 결심했다.

결국 테무친은 아버지의 죽음으로 빼앗겼던 부족을 되찾고 몽골족 전체를 통일했으며 '전 세계의 군주'라는 뜻의 칭기즈 칸이 되어 몽골족을 이끌었다. 칭기즈 칸의 지도 이후 몽골족의 힘은 이전과는 비교가 안 될 정도로 강력해져서 전쟁에 나설 때마다 승리를 거두어 지배하는 땅을 넓혀 나갔다. 인류 역사상 가장 넓은 영토를 지닌 나라가 몽골이라고 하니 그 당시 몽골의 힘이 어느 정도였는지 짐작할 수 있다.

몽골은 동아시아에서 동유럽까지 유라시아 대륙 대부분을 차지했다. 특히 동아시아 지역에서는 유목 민족에 이어 중국 송나라까지 무너뜨리며 최강의 국가로 급부상했다.

몽골을 피해 강화도로 천도

몽골족이 동아시아 지역 정벌 과정에서 특히 신경 쓴 나라는 여진족이 세운 금나라였다. 그때 금나라는 중국 송나라보다 넓은 땅을 가진 강국이었다. 하지만 강력한 몽골 군대 앞에 속수무책으로 무너졌다. 여진족은 뿔뿔이 흩어져 일부는 거란족과 손을 잡고 몽골에 대항했다. 이들의 저항은 실패로 돌아가 거란족마저 몽골에 쫓기는 신세가 되었다.

더 이상 갈 곳이 없어진 거란족은 고려로 들어왔는데, 고려는 이를 거란족의 침략으로 생각하고 물리치기 위해 군대를 보냈다. 결국 거란족은 자신들을 쫓아온 몽골군, 몰아내겠다는 고려군 둘 다에게 쫓기는 신세가 되었고 몽골군과 고려군은 자연스럽게 힘을 합쳐 거란족을 소탕했다. 이것이 강동성 전투다.

그런데 강동성 전투 이후 몽골은 자신들 덕분에 고려가 거란족을 물리치게 된 것이라며 해마다 공물을 바치라고 요구했다. 이에 고려에서는 몽골에 대한 반감이 생겼고 당연히 두 나라 사이는 좋지 않게 되었다.

그러던 중 고려에 왔던 몽골 사신 저고여가 귀국하는 도중 국경선 근처에서 피살당하는 사건이 발생했다. 이를 두고 몽골은 고려가 사신을 죽인 것이라 하고, 고려는 저고여가 국경을 넘은 후 피살되었으니 여진족의 소행이라고 주장했다. 서로 다른 주장을 하던 두 나라는 국교를 단절했고 곧이어 몽골은 고려 침략을 감행했다.

몽골 장군 살리타이가 군사 3만 명을 이끌고 공격해 왔고 고려는 이에 맞서 싸웠으나 결국 수도 개경은 몽골군에게 포위되고 말았다. 고려 왕 고종은 할 수 없이 몽골에 화해를 청하고 왕족한 명을 인질로 보냈다. 비록 몽골과 화해를 했지만 고려는 항복할 생각이 없었다. 더욱이 당시는 무신 집권기로 왕이 있기는 하나 사실상 권력은 무신이 장악하고 있었다. 이때 최고 집권자는 최충헌의 아들 최우였는데, 최우는 고위 관료들을 모아 회의를 열고 어떻게 몽골에 대항할 것인지를 논의했다.

그 결과 수도를 강화도로 옮기고 몽골에 항전하기로 결정했다. 육지에서는 대적할 상대가 없는 몽골군이지만 배를 만드는 방법도 수영하는 방법도 모를 만큼 바다에 취약했기 때문에 강화도를 택한 것이다. 고려가 강화도로 천도했다는 소식을 들은 몽골은 다시 고려로 쳐들어와 개경을 함락하고 남하하여 지금의 서울인 남경을 공격했다. 그러나 강화도까지는 들어가지 못하고 사신을 보내 항복을 권고했다. 고려가 항복하지 않자 화가 난 몽골군은 계

강화도에 있는 고려궁지. 몽골군을 피해 강화도로 천도했다 개경으로 돌아갈 때까지 머무른 궁터다. 몽골군은 왕실이 개경으로 돌아갈 때 강화도의 궁궐과 성곽을 모두 허물도록 요구했다(그림 19).

속 남하하여 공격하던 중 대장 살리타이가 승려 김윤후의 화살에 맞아 죽는 일이 일어났다. 결국 몽골군은 후퇴했다.

그 뒤에도 몽골은 끊임없이 공격하며 항복을 요구했지만 고려 왕실은 항복하지 않고 버텼다. 심지어 항복하는 척하며 왕자를 인질로 보내겠다고 하고는 다른 사람을 보내는 등 몽골을 속이면서까지 항전을 계속했다.

몽골과의 항전이 길어질수록 백성들의 생활은 궁핍해지고 땅은 황폐해져 갔다. 몽골은 고려의 백성들을 괴롭히고 방화를 일삼았다. 또한 초조대장경과 속장경은 물론 신라 때 지은 황룡사와 황룡사 9층 목탑 등이 불에 타 없어졌다.

고려 조정에서는 항복하자는 이야기가 흘러나왔다. 게다가 최우가 죽고 그의 아들 최항이 집권했으나 곧 암살당하면서 무신 정권의 힘은 약화되었다. 무신 집권자들 사이에 싸움이 이어지다가 마지막 무신 집권자가 죽음을 맞자, 더 이상 강화도에서 버티는 것이 의미가 없다고 판단한 고려 왕실은 수도를 다시 개경으로 옮기고 몽골에 항복했다. 수도를 강화도로 옮긴 지 38년 만의 일이다.

백성들의 결사 항전

고려는 몽골과 40년간 전쟁을 치렀는데 이는 몽골의 막강한 힘을 생각하면 상상을 초월하는 일이다. 몽골이 동아시아에서 동유럽까지 점령하는 동안 대부분의 나라는 1년 안에 무너졌다. 몽골군의 힘과 잔인함을 듣고 싸우기도 전에 항복하는 나라가 있을 지경이었다.

그런데 고려가 40년간 버텼다는 것은 놀라운 일이 아닐 수 없다. 하지만 그 기간 동안 몽골에 맞서 싸운 것은 고려 조정이 아닌 백성들이다. 고려 조정은 강화도로 도망가 있다가 자신들이 유리하다고 판단될 때만 군대를 보내 싸웠지만, 백성들은 계속되는 몽골군의 침략에 맞서 싸우면서 나라를 지켰다.

실제로 전쟁 중에 거둔 승리 대부분은 정식 군대가 아닌 평민, 노비, 승려 들이 합심하여 이룬 것이었다. 무신 정권과 고려 조정은 백성들의 고통에 아랑곳하지 않았다. 한번은 백성들이 합심하여 성을 지켰는데 전투가 끝난 후 뒤늦게 도착한 관군이 성 안의 보물들이 없어졌다며 백성들을 도둑으로 몰아 처벌하는 바람에 반란이 일어난 적도 있다.

어쨌든 고려는 몽골군의 침략을 40년간이나 막아 낸 유일한 나라가 되었고, 이러한 저항 때문에 몽골은 고려를 직접 지배하기보다는 부마국(사위의 나라. 몽골 공주가 고려 왕의 부인이 되었다)으로 삼아 감시하고 공물을 바치게 했다. 고려의 끈질긴 저항을 경험했기에 간접적으로 지배해야 덜 힘들고 효율적이라는 판단에 따른 것이다.

몽골의 일본 침략

고려의 항복을 받아 낸 몽골은 일본을 침략할 계획을 세웠다. 바다에 약한 몽골이 섬나라 일본을 공격하기는 쉽지 않았지만 고려를 이용하면 가능할 것이라고 판단했다. 따라서 몽골은 고려로 하여금 배를 만들게 하고 해전에 대비한 기술을 전수받아 일본 침략을 단행했다.

하지만 두 차례에 걸친 일본 원정 모두 공교롭게도 태풍을 만나 실패했다. 일본 사람들은 그때 불어온 태풍을 '신이 일으키는 바람'이라는 뜻의 신풍(일본어로 가미카제)이라고 부르며 신이 일본을 지켜 준 것이라고 생각했다.

그러나 일부 일본 학자는 당시 몽골이 일본 침략을 포기한 것은 태풍보다는 고려와의 전쟁 후유증 때문이라고 주장한다. 고려와의 항전에 너무 많은 힘을 쏟은 나머지 그렇게 큰 태풍이 아니었음에도 일본 침략을 쉽게 포기할 수밖에 없었다는 설명이다. 고려가 보여 준 끈질김은 몽골에 그만큼 막대한 피해를 입혔다.

부처님의 힘으로
몽골의 침략을
막아 냈다고?

몽골의 침략이 이어진 40년간 고려인은 각자 자신의 방식으로 맞서 싸웠다. 백성들은 단합하여 몽골군과 전투를 벌였고, 노비와 승려 들은 신분을 초월하여 몽골을 몰아내기 위해 애썼다. 또한 일부 사람은 몽골의 침략을 부처님의 힘으로 이겨 내려 했는데 이때 만들어진 것이 팔만대장경이다.

5,300만 자를 새긴 팔만대장경 제작

고려는 거란과 전쟁을 벌이고 있을 때 처음으로 대장경을 만들었다. 우연인지는 몰라도 대장경을 제작하는 중에 거란이 물러나자, 고려에서는 부처님이 거란을 몰아내 준 것이라고 생각하기에 이르렀다. 이런 경험이 바탕이 되어 몽골이 침략했을 때에도 부처님이 막아 줄 것이라는 굳은 믿음으로 대장경 제작을 시작했다.

이때 만들어진 대장경을 팔만대장경이라고 부르는 이유는 대장경을 새긴 나무 목판의 개수가 8만 판이 넘기 때문이다. 정확하게는 8만 1,258판이고 여기에 새겨진 글자 수는 무려 약 5,300만 자라고 한다. 대장경 한 판을 만들려면 우선 종이에 글씨를 쓰고 나서 그 종이를 나무판자에 붙여 일일이 파내는 작업을 거친다. 이렇게 어려운 작업을 8만 번 넘게 반복했으니 정말 대단한 일이 아닐 수 없다.

팔만대장경은 현재 경상남도 합천 해인사에 보관되어 있으나 원래는 강화도에서 만들어졌다. 몽골의 침략으로 수도를 강화도로 옮긴 고려는 부처님의 힘으로 몽골을 막아 내려는 염원을 담아 팔만대장경을 제작하여 강화도 선원사에 보관했다. 그 뒤 조선을 세운 이성계가 해인사로 옮겨 보관하게 한 것이 오늘날까지 이어지고 있다.

팔만대장경은 가로 70센티미터, 세로 24센티미터, 두께 2.6~4센티미터, 무게 3~4킬로그램의 나무판에 불경을 새겨 놓은 목판으로 약 5,300만 자의 모양이 모두 같다고 한다. 이런 어마어마한 양을 한 사람이 썼을 리는 없으므로 대장경을 만들기에 앞서 여러 사람이 똑같은 글씨체를 연습하고 새긴 것으로 추정된다.

또한 팔만대장경을 제작하기 위한 목판은 제주도·완도·거제도 등에서 자작나무를 구해 사용했으며, 썩는 것을 방지하기 위해 나무를 바닷물에 담갔다가 그늘에 말렸다. 말린 나무판에 글자가 적힌 종이를 붙인 후 글자만 남기고 바닥을 파내는 양각 기법으로 제작하여 대장경에 잉크를 묻혀 찍어 내면 글자만 까맣게 나오는 것이다.

대장경에 새겨 넣은 글은 부처님 말씀이며, 한 자 한 자 새길 때마다 세 번씩 절했다. 이렇게 정성을 다했기에 팔만대장경에는 오탈자가 거의 없다고 한다. 현재의 기술로도 한 사람이 하루에 약 30자 정도밖에 새길 수 없다고 하니 약 5,300만 자를 새기기 위해 얼마나 정성을 기울였는지 알 수 있다.

팔만대장경은 1236년 만들기 시작하여 1251년에 완성했으며, 그 규모와 정교함은 물론 과학적으로도 우수성을 인정받고 있다. 제작된 지 800년이 되어 가는 팔만대장경은 나무로 만들어졌음에도 지금까지 그 모습이 온전히 보존되어 있다. 나무는 원래 시간이 지나면서 습기를 머금고 뒤틀리기 마련인데, 이를 방지하기 위해 네 모퉁이를 구리판으로 고정했기에 온전하게 보존될 수 있었다고 한다.

팔만대장경의 보관

팔만대장경은 여러 차례 잃어버릴 뻔한 위기를 넘겼다. 조선 시대에 해인사에 화재가 나서 여러 건물이 불탔지만 다행히 팔만대장경이 보관되어 있는 장경판전만은 피해를 입지 않았다.

또한 6·25 전쟁 중이던 1951년 국군이 해인사가 있는 가야산에 북한군이 숨어 있다는 정보를 입수하고 해인사 폭파 명령을 내렸다. 그런데 명령을 받은 공군 편대장 김영환 중령은 해인사를 폭파한다는 사실이 내키지 않아 명령을 수행하지 않았다. 김 중령은 명령 불복종으로 처벌을 받았지만 그 덕분에 해인사와 팔만대장경은 무사할 수 있었다.

국보 제32호로 지정된 팔만대장경(국보로 지정된 정식 명칭은 합천 해인사 대장경판이다) 못지않게 주목받는 것이 장경판전이다. 장경판전은 오로지 팔만대장경을 보관하기 위한 용도로 지어진 네 동의 건물이다. 정면 15칸·측면 2칸 규모로 지어진 남쪽 건물 수다라장과 북쪽 건물 법보전, 정면 2칸·측면 1칸의 크기로 지어진 서고 사간판정이 동쪽과 서쪽에 하나씩 위치해 있다.

장경판전은 팔만대장경을 보관하는 용도로 지어졌기에 건물에 아무런 장식을 하지 않은, 오늘날로 따지면 그냥 창고 같은 건물이다. 그런데도 이 장경판전은 국보 제52호로 지정되어 있을 뿐 아니라 유네스코 세계 문화유산으로도 지정되어 보호받고 있다. 그 이유는 아무런 인위적인 장치 없이 자연의 원리만 이용하여 팔만대장경을 온전하게 보존하고 있는 과학성 때문이다.

해인사가 위치한 가야산 중턱은 산 위에서 내려오는 바람과 산 아래에서 올라오는 바람이 만나는 곳이라고 한다. 팔만대장경을 보관하고 있는 장경판전은 앞뒤로 촘촘히 바람구멍을 내 가야산의 바람이 수시로 드나들게 했다. 이렇게 장경판전을 사이에 두고 맞바람이 불어 습기로부터 팔만대장경을 보호하는 것이다.

팔만대장경이 손상 없이 고스란히 보존되고 있는 것은 모두 과학적인 원리로 만들어진 장경판전 덕분이기에 겉으로 보기에는 볼품없어 보이는 건물이지만 세계 문화유산과 국보로 지정되어 보호받고 있는 것이다.

합천 해인사 장경판전. 팔만대장경이 상한 것 하나 없이 전해지는 데에는 장경판전이 중요한 역할을 했다. 장경판전은 통풍과 온도 조절을 위해 창을 냈고, 바닥 흙 아래에 숯·찰흙·모래·소금 등을 뿌려 습도를 조절하도록 했다(그림 20).

삼별초는 왜
왕실의 명령을
따르지 않았을까?

무신 정권은 몽골의 침략에 맞서서 수도를 강화도로 옮기면서까지 저항했다. 하지만 그러한 싸움에는 한계가 있을 수밖에 없었다. 왕실과 집권 세력이 강화도로 피란 가 있는 동안 백성들의 피해는 계속되었고 언제까지나 강화도에서 지내는 것 또한 명분이 서지 않았다. 때마침 내분으로 무신 정권이 무너지자 왕실은 전쟁을 끝내기로 결정했다.

고려 왕실은 개경으로 환도하고 몽골에 항복했다. 그러나 왕실의 이러한 결정에 불만을 품고 몽골에 끝까지 저항한 사람들이 바로 삼별초다.

사병에서 정식 군대가 된 삼별초

삼별초는 원래 최충헌을 비롯한 최씨 무신 집안을 보호하려는 목적하에 조직된 부대였다. 이 군대를 처음부터 삼별초라고 부른 것은 아니다. 원래는 밤에 경호를 선다는 의미에서 야별초라고 부르다가 이를 둘로 나누어 좌별초, 우별초라고 불렀다. 그러던 중 몽골에 포로로 잡혀 갔다가 탈출한 사람들이 신의군이라는 부대를 만들면서 좌별초, 우별초, 신의군을 합해 삼별초가 되었다.

삼별초는 처음에는 밤에 순찰을 돌면서 수상한 사람이나 도둑을 잡는 경찰의 역할을 했다. 그러다 삼별초의 용맹함과 날렵함이 소문나자 도둑을 잡는 것을 넘어 죄인을 잡아 가두거나 죄를 심문하는 등 역할이 점차 확대되었다. 또한 몽골과의 전쟁 중에는 수도를 지키고 왕을 호위하는 등 정식 군대 이상으로 활동하면서 용맹함을 떨쳤다. 고종이 몽골 사신을 만나러 갈 때는 평상복 차림으로 왕의 뒤를 따르며 호위했다. 삼별초는 몽골의 정예부대가 궁궐에 침입했을 때 그들과 맞서 싸워 군대로서의 능력을 인정받았다.

삼별초의 용맹함이 절정에 이른 것은 몽골과의 정식 전투에서였다. 고려의 정규군이 몽골 군대에 맞서 제대로 싸우지 못하자 삼별초가 투입되었다. 이전에 전쟁에서 공을 세운 적이 있기는 하지만, 그때는 호위대나 수비대로서 활동한 것이었다. 따라서 정식 전투에서 활약할 수 있을지 의심을 받았으나, 몽골과의 전투에서 크게 승리하면서 정식 군대 이상의 능력이 있음을 만천하에 증명했다.

끝까지 항전한 삼별초

전쟁에서 눈부신 성과를 거두고 그 능력을 인정받은 삼별초는 몽골과의 전투에 초점을 맞추어 군사 훈련을 하고 전문적인 전술을 익히는 등 몽골과 싸울 준비를 했다. 그러나 고려 왕실이 몽골에 항복하기로 결정하자, 삼별초에 속한 군인들은 이를 받아들이지 못했다.

몽골에 항복하는 것은 자존심 상하는 일이기도 했지만, 몽골에 항복해 버리면 그동안 열심히 군사 훈련을 하며 몽골에 대항하기 위해 쌓은 노력이 물거품이 되는 것이나 마찬가지였다. 몽골과의 전쟁은 나라의 위기인 반면, 이들에게는 공을 세울 수 있는 기회였다. 그런데 고려가 항복한다면 그 기회도 없어지는 것이었다.

게다가 삼별초에는 몽골에 포로로 잡혀갔다가 도망쳐 온 사람들이 있었는데 그들은 몽골에 강한 반감을 갖고 있었다. 그들 입장에서는 몽골과 싸우다 죽는 것은 괜찮지만 몽골에 항복하는 것은 있을 수 없는 일이었다.

삼별초는 몽골에 항복하지 않고 끝까지 싸우기로 결정했다. 이는 고려 왕실의 결정을 어기는 것으로 반역이나 매한가지였다. 따라서 삼별초의 항전은 고려 왕실에 반대하는 반란처럼 취급되었다.

삼별초를 이끄는 배중손은 고려 왕실이 몽골에 항복한 뒤에도 강화도에 남아 몽골 군대와 계속 싸우겠다고 선언했다. 사실 몽골 군대는 바다에 약해 강화도에 들어갈 수 없다 보니 삼별초가 강화도에서 맞선다면 몽골군이 승리하기란 쉽지 않았다. 하지만 삼별초와 몽골군이 싸울 때 고려 군대는 삼별초가 아닌 몽골군의 편에 설 수밖에 없었다. 이미 몽골에 항복한 뒤라 몽골군이 시키는 대로 해야 하는 데다 왕의 명령을 어길 수도 없었기 때문이다.

이런 까닭에 삼별초는 고려 군대와 몽골 군대 모두를 상대로 전쟁을 치러야 했다. 아무리 전투 능력이 뛰어나도 두 나라의 정식 군대를 상대로 싸우기란 힘겨운 일이다. 결국 강화도에서 밀려난 삼별초는 진도를 거쳐 제주도로 옮겨 가며 전쟁에 임했지만 승리할 수 없었다. 제주도에서 마지막까지 버티던 삼별초는 결국 모두 전사하고 말았다.

몽골과 끝까지 싸우고자 한 삼별초의 노력은 실패로 돌아갔지만 삼별초의 항전에는 큰 의미가 있다. 비록 고려 왕실이 몽골에 항복했으나, 삼별초의 존재 덕분에 고려는 힘없이 무너지기만 한 것이 아니라 끝까지 싸우는 끈기를 보여 줄 수 있었다. 이 같은 끈질김 때문에 세계를 제패한 몽골도 고려만큼은 함부로 할 수 없었다. 삼별초의 끈질긴 항전은 몽골족마저 떨게 만든 고려인의 용기와 노력을 보여 준 예라고 할 수 있다.

공민왕은 어떻게 몽골에 저항했을까?

고려는 몽골에 맞서 40년간 싸웠지만 결국 몽골의 강한 군대에 항복하고 말았다. 몽골은 전쟁에서 승리한 모든 지역을 직접 다스렸지만, 고려만은 간접 통치를 했다. 그에 따라 고려의 왕과 관리들은 지위를 유지할 수 있었으나, 엄연히 고려는 몽골의 지배를 받는 나라였다. 따라서 몽골은 고려의 풍속, 왕실 용어, 정치 기구 명칭 등을 자기들 입맛대로 바꾸었다.

하지만 시간이 지나면서 몽골의 기운이 조금씩 쇠약해지자 고려에서는 몽골에 저항하는 사람들이 등장했는데, 대표적 인물이 제31대 왕 공민왕이다.

왕의 호칭이 '조'나 '종'에서 '왕'으로 바뀐 이유

몽골은 고려를 간접적으로 지배하기로 결정하고 고려 왕실의 지위를 인정했지만 한편으로는 고려 왕실이 자신들 아래에 있다는 사실을 분명히 하고자 했다.

먼저 왕의 호칭을 '조'나 '종'이 아닌 '왕'으로 부르게 했다. 몽골 간섭기 이전까지 고려의 왕들은 태조·광종·예종 등으로 불렸는데 조나 종은 천하를 다스리는 황제를 의미하는 것으로, 우리나라 왕이 중국 왕과 동등한 위치에 있음을 상징하는 용어였다.

그러나 송나라를 멸망시키고 중국 땅을 차지한 몽골은 천하를 다스리는 황제는 몽골 왕 한 사람이어야 하므로 고려 왕의 호칭에 조나 종을 쓰지 못하게 했다. 그 대신 왕을 사용하게 했다. '왕'이란 특정 지역을 다스리는 대표자를 뜻하는 말로 황제보다 아래 있는 사람으로 인식되었다. 이에 몽골 간섭기의 왕들은 충선왕, 충렬왕, 공민왕 등 모두 왕으로 끝나는 호칭을 갖게 되었다. 또한 몽골 간섭기의 왕들 이름에 유독 충 자가 많이 쓰인 것은 몽골에 충성을 다하라는 의미였다.

왕의 호칭만 바뀐 것이 아니다. 왕의 뒤를 이어 차기 왕이 될 왕자는 본디 '태자'라고 불렀다. 태자는 황제의 뒤를 이을 후계자다. 그런데 몽골은 고려에 태자 대신 세자라는 호칭을 사용하도록 했다. 세자는 차기 왕이 될 사람이라는 뜻으로 당연히 태자보다 지위가 낮음을 나타낸다. 조선 시대에는 차기 왕의 자리에 오를 후계자를 세자로 불렀는데 이는 잘못된 표현이다. 몽골의 간섭으로 오랫동안 세자라고 부르다 보니 몽골이 물러나고 나서도 계속 세자라는 호칭을 사용한 것으로, 태자라고 불러야 맞다.

그뿐만이 아니었다. 몽골은 고려의 최고 정치 기구인 중서문하성과 상서성을 통폐합한 뒤 첨의부라고 칭했다. 또한 상서성 아래 있던 6부를 4사로 바꾸고 도병마사는 도평의사사로, 중추원은 밀직사로 바꾸어 불렀다. 이는 단순히 이름을 바꾼 것이 아니라 관청의 지위를 낮춘 것이다. 고려가 몽골보다 아래에 있는 국가라는 것을 강조하고자 이와 같은 조치를 취한 것이다.

변발, 설렁탕… 몽골풍의 유행

몽골은 정치에 간섭하는 것에 그치지 않고 생활 모습과 풍속까지 몽골식으로 바꾸려 했다. 그래서 고려에서는 몽골식 풍속이 유행했는데 이를 몽골의 풍속이라는 의미에서 '몽골풍'이라고 불렀다.

당시 유행한 대표적 몽골풍에는 변발과 호복이 있다. 변발은 머리의 가운데 부분만 남기고 주변을 모두 민 후 가운데 머리를 길게 땋아 내리는 몽골의 전통 헤어스타일이다. 호복은 바지 위에 랩스커트처럼 한 자락을 더해 놓은 옷으로 역시 몽골의 전통

의상이다. 몽골은 이처럼 고려 사람들이 몽골의 전통 스타일을
따르도록 했는데, 특히 왕들은 모두 변발을 하고 호복을 착용하
도록 강요했다. 그 외에 몽골의 음식이나 풍속을 전파하고 그에
따르도록 강요했다. 그때 전해져서 오늘날까지 남아 있는 것으로
는 소주·설렁탕 등의 음식, 결혼할 때 신부가 찍는 연지·곤지와
족두리 등이 있다.

완성되지 못한 공민왕의 개혁 정치

몽골은 고려 왕에게 자율적으로 통치할 수 있는 자치권을 허

용했으나, 간섭을 소홀히 하지는 않았다. 우선 몽골은 고려를 부마국으로 만들었다. 부마국이란 '사위의 나라'라는 뜻으로, 고려 왕들은 반드시 몽골 공주와 결혼하여 몽골 황제의 사위가 되어야 했다.

왕비가 몽골 공주이다 보니 고려 왕들의 일거수일투족이 몽골에 전해졌다. 왕의 입장에서는 몽골 제국이 부인의 나라이기에 아무리 싫어도 저항하기가 힘들었다. 이런 이유로 충렬왕, 충선왕, 충숙왕, 충혜왕, 충목왕, 충정왕까지 거의 80년 동안 고려는 이렇다 할 저항을 하지 못한 채 몽골의 간섭을 받았다.

이러한 고려의 태도에 변화를 이끌고 몽골에 저항하기 시작한 사람이 고려 제31대 왕 공민왕이다. 공민왕은 고려 왕실에서 유행하던 몽골풍을 없애고 고유의 풍속을 되살렸으며, 몽골의 내정 간섭 기구로 변질된 정방을 폐지했다. 또한 몽골에 빼앗긴 쌍성총관부를 공격하여 되찾아 오는 등 몽골족이 세운 원나라에 맞서는 반원 정책을 펼쳤다.

이렇게 공민왕이 반원 정책을 펼칠 수 있었던 것은 국제 질서의 변화와 관련이 있다. 몽골은 아시아부터 유럽까지 역사상 가장 넓은 땅을 차지하며 그 힘을 만천하에 과시했지만, 시간이 지나면서 서서히 힘이 쇠했다. 이 틈을 노리고 반란이 일어나거나 독립하는 나라들이 생겨나는 등 혼란이 지속되자, 고려에 대한 몽골의 간섭은 점차 느슨해졌다. 공민왕은 이런 국제적 변화의 흐름을 놓치지 않고 반원 정책을 펼쳤다.

공민왕의 반원 정책은 몽골의 간섭에서 벗어나 고려를 자주적인 나라로 만들기 위한 노력으로 많은 백성으로부터 환영받았다. 하지만 반기를 드는 사람들도 있었다. 일명 '권문세족'이라 불리는 사람들이다. 그들은 몽골의 간섭 덕분에 출세하여 관직을 얻고 부를 쌓은 사람들로 몽골의 영향력이 약해지는 것을 달가워하지 않았다.

따라서 공민왕이 반원 정책을 펼치려면 권문세족에 대한 견제가 필수적이었다. 이를 위해 등용된 사람이 신돈이다. 신돈은 본디 승려로서 공민왕에게 발탁되어 권문세족을 견제하는 정책을 주도했는데, 신돈이 펼친 주요 정책으로 전민변정도감의 설치를 꼽을 수 있다. 전민변정도감은 불법으로 땅이나 노비를 갖고 있는 사람들을 처벌하고 땅을 원래 주인에게 돌려주거나 노비를 풀어 주는 일을 하는 관청이다.

전민변정도감을 설치하고 땅과 노비에 대한 조사를 시작하자 권문세족은 거세게 반발했다. 이들은 몽골과 가깝다는 이유를 내세워 마음대로 땅을 빼앗고 농민들을 자신의 노비로 만드는 일을 서슴지 않았기 때문에 전민변정도감의 활동으로 큰 피해를 볼 것이 뻔했다. 이에 권문세족은 신돈과 공민왕을 공격하며 개혁 정치를 저지하려 했다.

특히 원나라 황제 혜종(순제라고도 부른다)의 황비가 된 누이 기황후를 등에 업은 기철은 제멋대로 권력을 휘둘렀다. 그도 그럴 것이 기황후의 아들이 황제 자리에 오르면 자신은 황제의 삼촌이 될 터였다. 그러나 공민왕은 그런 기철에 휘둘리기는커녕 기철과 그 일파를 처형했다. 이에 기황후는 공민왕을 몰아내기 위해 군대를 이끌고 고려에 쳐들어왔으나, 최영과 이성계가 기황후의 군대를 막아 내면서 공민왕을 지켰다.

권문세족의 반발과 몽골의 방해에도 불구하고 공민왕의 반원 정책과 개혁 정치는 계속되었다. 하지만 공민왕이 즉위한 지 15년 만에 부인 노국 공주가 출산하다가 아이와 함께 죽자 공민왕은 실의에 빠져 정치에서 손을 놓고 은둔 생활을 했다. 이로 인해 공민왕의 반원·개혁 정책은 미완에 그치고 말았다.

새로운 인물 신돈의 등장

신돈은 어머니가 노비 출신인 미천한 신분임에도 아버지가 재력가여서 승려가 될 수 있었다고 한다. 공민왕 집권 당시 왕의 측근 김원명의 소개로 궁에 드나들며 공민왕의 신임을 얻었다.

공민왕이 신돈을 신뢰하게 된 데에는 그만한 이유가 있다. 신돈이 승려인 데다가 권력이나 돈에 욕심이 없고 미천한 신분이니, 국가의 중요 정책을 처리함에 있어서도 스스로 권력자가 될 욕심을 부리지 않을 것이라고 판단했기 때문이다. 신돈 또한 자신의 바람은 세상을 복되고 이롭게 하는 것이라고 밝혔다.

공민왕이 신돈을 믿은 또 다른 이유는 신돈이 권문세족과 연결되지 않은 인물이라는 점이다. 공민왕은 즉위 초부터 반원 정책을 펴며 개혁 정치를 하고자 했지만, 권세를 누리는 권문세족의 반발에 부딪혀 어려움을 겪었다. 개혁 정치를 펼치려면 권문세족이 아니면서 그들과 이해관계가 없는 새로운 인물이 필요했는데, 거기에 신돈이 안성맞춤이었던 것이다. 공민왕은 신돈을 왕의 개인 승려로 삼고 국가의 모든 일에 자문을 구했다.

공민왕의 기대에 부응이라도 하듯 신돈은 공민왕이 하고자 하는 개혁 정치를 주도했다. 일단 인사권을 장악하여 고위 관직에 있는 권문세족들을 물러나게 하고 왕권을 강화하여 공민왕에게 힘을 실어 주었다. 또한 전민변정도감을 설치하여 권문세족의 땅과 노비를 빼앗기 위해 노력하는가 하면, 국립 대학인 성균관을 강화하여 뛰어난 학자들을 육성하고자 했다.

신돈의 이런 정책은 억울하게 땅을 빼앗기거나 노비가 된 백성들은 물론 유학을 공부한 젊은 학자들에게 환영받았다. 그러나 정작 권력을 쥐고 있는 권문세족과 지배층에게는 반갑지 않은 정책이었기에 신돈에게는 지지자만큼이나 적이 많았다.

신돈이 공민왕의 전폭적인 지지를 받으며 권력이 나날이 강해지자 신돈을 죽일 계획을 세우는 사람이 생겨났다. 그즈음 고려에 심한 가뭄이 들어 흉년이 이어지고 이전부터 신돈과 사이가 좋지 않은 무신들의 힘이 강해짐에 따라 신돈의 입지는 좁아져 갔다. 게다가 신돈과 활발하게 교류하던 유학을 공부한 젊은 학자들이 불교에 반대하는 입장을 보여 이들과도 사이가 멀어졌다.

이런 와중에 신돈이 부정한 방법으로 재산을 축적하고 첩을 두고는 주색에 빠져 지낸다는 이야기가 돌았다. 그러자 그동안 신돈을 신뢰해 온 공민왕의 믿음에 금이 갔다. 심지어 항간에 신돈이 자신의 권세를 믿고 공민왕을 밀어내고 왕처럼 행세하려 한다는 소문마저 퍼져 나갔다. 이에 공민왕은 신돈을 자리에게 물러나게 하고 유배를 보낸 다음 처형했다.

공녀에서 황후로, 기황후

　몽골은 해마다 고려에 공물을 바치게 했고 공물로 요구하는 것 중에는 매와 여자가 있었는데, 고려 여자는 몽골에서 인기가 높았다. 몽골족은 고려인을 똑똑하고 끈기가 있으며 우수한 민족으로 평가하여 때로는 대접하기도 하고 때로는 경계하기도 했다. 특히 고려 여자는 외모까지 출중하다고 생각하여 해마다 결혼하지 않은 처녀를 바치게 했다. 그렇게 몽골로 끌려간 여자들을 '공녀'라고 일컫는다.

　공녀가 되어 끌려간 고려 여자들은 귀족 집안의 노비나 황실의 궁녀가 되었다. 이 공녀 가운데 가장 성공한 것으로 알려진 사람이 기황후다.

　기황후는 몽골 왕의 환관을 지낸 고려 사람 고용보의 주선으로 황궁에 들어가 궁녀가 되었다. 빼어난 미모 덕분에 황제 혜종의 눈에 띄어 후궁이 되어 아들을 낳으면서 혜종의 사랑을 받았다. 이후 제1황후가 사망하자 기황후는 제1황후 자리에 올랐고 기황후의 아들은 훗날 황제가 되었다.

기황후는 고려에서 몽골로 끌려간 공녀였지만 황후 자리에 오르고 황제의 어머니가 되면서 어떤 고려 사람보다 성공한 인물이 되었다. 그렇지만 자신의 힘을 마구잡이로 휘두른 권력자는 아니었다. 백성들의 어려움을 누구보다 잘 알고 있어서 기근이 들면 죽을 쑤어 나누어 주고 죽은 사람들을 위해 장례를 치러 주었다. 또한 기황후는 자신이 고려인이라는 사실을 잊지 않고 몽골로 넘어온 고려인들이 힘들지 않게 살 수 있도록 배려했다.

하지만 당시 몽골은 점차 쇠약해져 갔고 급기야 중국에서 몽골족을 몰아내기 위한 반란이 연이어 일어났다. 그때 기황후는 반란을 피해 피란을 갔다가 포로로 잡혀 죽음을 맞았다.

축복과 같은 목화의 전래

목화. 문익점이 원나라에서 가져온 목화 씨를 경상남도에 사는 장인 정천익에게 건네 재배하게 한 것이 우리나라 목화 재배의 시작이다. 그리고 정천익의 아들이 실을 만드는 제사법을, 손자가 무명 짜는 법을 고안했다(그림 21).

몽골 침략은 고려인의 생활에 커다란 변화를 가져왔으며 그 가운데에는 지금까지 이어지는 것들이 있다. 몽골의 영향 중에서 가장 주목할 만한 것은 목화의 전래다.

목화는 면 옷을 만드는 재료로 오늘날처럼 다양한 소재가 있지 않은 당시에는 활용도가 매우 높았다. 중국에서는 목화씨를 절대 다른 나라로 가져갈 수 없게 했기에 고려에서는 면옷을 만들지 못했다. 그런데 고려 사람 문익점은 원나라에 갔다가 목화씨를 몰래 가져왔다.

　목화씨를 가져오기는 했지만 재배는 물론 목화로 면옷을 만들기는 쉽지 않았다. 여러 차례의 시도 끝에 문익점은 3년 만에 겨우 목화 재배에 성공했으나 옷감을 만들지는 못했다. 이때 문익점 집에 머물던 몽골 승려가 목화로 옷감 만드는 방법을 가르쳐 주었다고 한다. 이때부터 우리나라에서도 면옷을 입을 수 있게 되었다.

　목화가 들어오기 전 고려 백성들은 삼베옷을 입었는데, 거칠고 뻣뻣한 데다 겨울에는 추워서 옷으로서의 기능을 하지 못했다. 마침내 목화 덕분에 부드러운 옷감으로 지은 옷을 입게 되고, 무엇보다 추운 겨울에 옷감과 옷감 사이에 목화솜을 넣은 다음 누벼서 입을 수 있었기에 목화는 일반 백성에게는 축복과 같은 것이었다.

유럽 인구 3분의 1이 사망한 흑사병의 유행

인류의 생활을 급격하게 바꾸는 원인은 전쟁, 혁명, 과학 기술의 발달 등으로 무척 다양하다. 그리고 또 한 가지 빼놓을 수 없는 것이 전염병의 유행, 즉 팬데믹이다. 특히 발병 원인을 알지 못하거나 치료법을 발견하지 못한 상태에서 팬데믹이 발생하면 인류는 전염병에 속수무책으로 당할 수밖에 없다.

1300년대 고려가 몽골로 인해 곤경에 처해 있을 때 유럽에서는 사회 전체를 뒤흔든 팬데믹이 발생했다. 바로 흑사병의 유행이다. 흑사병은 폐에 발생하는 페스트를 가리키는데, 병원균이 폐에 침투하면 체온이 높아지고 호흡이 곤란해지면서 정신을 잃게 되고 대부분 24시간 내에 사망한다. 사망 직전 환자의 피부색이 흑색이나 자주색으로 변하기 때문에 흑사병이라고 부른다.

흑사병의 원인균은 예르시니아 페스티스라는 박테리아로, 보통의 경우 야생쥐 같은 설치류가 감염된다. 예르시니아 페스티스에 감염된 쥐에 살며 피를 빨던 쥐벼룩이 다른 쥐로 옮겨 가면서 전염된다. 그러므로 사람이 감염된 야생쥐와 접촉하거나 야생쥐의 배설물을 만져서 쥐벼룩이 옮겨 붙지 않는 한 흑사병에 걸릴 일은 없다.

문제는 예르시니아 페스티스에 집쥐가 감염되었을 때 벌어진다. 흔한 일은 아니지만 어떤 이유에서든 우리 주변에 있는 집쥐가 감염될 경우, 사람에게 감염될 확률은 급격하게 높아진다. 게다가 쥐는 번식력이 강해 암수 한 쌍이 1년 만에 1천 마리 이상으로 번식하는 게 가능하다고 한다. 감염된 집쥐가 이렇게 번식할 때 인류가 감염되는 것은 시간문제인데, 실제로 그런 일이 14세기 유럽에서 발생했다.

예르시니아 페스티스에 감염된 쥐는 24시간 내에 죽고, 그 쥐에 살던 쥐벼룩이 다른 쥐를 찾아 옮겨 가는 과정에서 병원균이 전염된다. 피를 빨아먹을 수 있는 쥐가 부족해지면 쥐벼룩은 다른 생명체를 찾게 되는데, 그 대상이 사람이 되어 흑사병이 유행한 것이다. 알베르 카뮈의 소설 〈페스트〉를 보면 마을에서 쥐가 떼죽음을 당하면서 흑사병이 돌 것을 알게 되는 대목이 나온다. 쥐가 떼죽음을 당했다는 것은 감염된 쥐벼룩이 곧 사람을 물 것이라는 암시이기 때문이다.

사실 흑사병은 역사상 여러 차례 유행했다. 하지만 유럽의 흑사병은 짧은 시간에 빠른 속도로 전 유럽에 퍼져 나간 탓에 피해가 컸다. 일부 학자는 유라시아 대륙 전체를 이동한 몽골군에 의해

흑사병이 빨리 확산된 것이라고 주장한다. 1331년 중국에서 흑사병과 유사한 사망 사례가 발생했고, 1346년 크림반도에서 흑사병이 발병한 것으로 미루어 몽골군이 옮겼다고 보는 것이다.

그러나 이는 어디까지나 추측일 뿐이다. 그리고 설령 사실이라고 해도 당시 유럽에서 흑사병이 치명적이었던 원인은 비위생적인 생활 환경에 기인한다. 농민들의 집은 보통 방의 구분 없이 큰 공간 하나로 이루어져 있어서 온 가족이 같은 공간에서 생활했다. 더구나 집 안에 화장실이 없어 아무 곳에서나 용변을 보아 거리 전체가 오물로 뒤덮여 있었다. 이런 환경에서 전염병이 발생하니 빠른 속도로 전파될 수밖에 없었다.

불길처럼 퍼져 나간 흑사병의 공포로부터 유럽의 어떤 지역도 자유롭지 못했다. 이탈리아, 프랑스, 러시아뿐 아니라 바다 건너 섬나라 영국도 흑사병으로 고통받았다. 농민은 물론이거니와 상인, 성직자에 이르기까지 모든 계층이 흑사병에 걸려 죽어 갔고 병의 원인도 치료법도 몰랐으므로, 환자가 발생하면 그 집을 봉쇄하거나 불태워 버리는 게 할 수 있는 전부였다. 흑사병은 신이 내린 형벌이라는 생각에 자해를 하며 회개하는 사람들이 있는가 하면, 유대인이 물에 독을 타서 흑사병이 생겼다는 소문이 돌아 유대인을 학살하는 사태까지 벌어졌다.

흑사병으로 인해 생긴 가장 큰 변화는 인구 감소다. 흑사병으로 유럽 인구의 약 3분의 1이 사망했으며, 흑사병 발병 이전의 인구 규모로 돌아오는 데 무려 300년이 걸렸다. 인구가 줄어들자 가장 문제가 된 것은 노동력 부족이었다. 특히 농민의 수가 대폭 감소하자 돈을 받고 농사일을 하는 임금 노동자가 등장했다. 아이러니하게도 흑사병으로 중세 유럽 사회가 무너지고 근대 자본주의로 가는 초석이 마련된 것이다. 그리고 19세기 들어 원인이 밝혀지고 치료법이 발견되면서 흑사병의 공포는 사라졌다.

고려에는 왜 또다시 새로운 세력이 등장했을까?

고려 시대에는 유난히 지배층이 자주 바뀌었다. 고려 초에는 고려 건국에 힘을 실어 준 호족이, 중기에는 집안 대대로 권세를 누린 문벌 귀족이 사회를 주도했다. 무신 정변이 발생한 뒤에는 100년 동안 무인들이 최고 권력자가 되었으며, 몽골의 간섭 이후에는 몽골을 등에 업은 권문세족이 등장했다.

공민왕은 개혁 정치를 펼치면서 권문세족을 견제하며 그들과 싸울 수 있는 새로운 사람들을 등용했는데, 그들이 신진 사대부다.

신진 사대부의 등장

몽골에 맞서 개혁 정치를 펼친 공민왕에게는 외부에 있는 몽골 말고도 권문세족이라는 내부의 적이 있었다. 권문세족 출신은 문신, 무신, 역관 등 다양하지만 몽골어를 잘하고 몽골과 가까이 지낸다는 공통점이 있다. 고려를 간접 지배한 몽골은 관리를 보내 정치에 간섭했으나 사실상 관리 몇 명으로는 불가능한 일이었다. 이에 몽골과 친밀한 고려 사람들에게 주요 관직과 땅을 주고 권세를 누리게 함으로써 충성하게 만들었는데 이들이 권문세족이다.

권문세족은 음서를 통해 관직에 진출했다. 음서란 시험을 보지 않고 추천만으로 관직에 오를 수 있는 제도다. 따라서 권문세족은 과거를 치르지 않고 쉽사리 관리가 될 수 있었다. 이에 공민왕은 과거 시험을 통해 새로운 인재들을 뽑아 자신의 측근으로 만들어 권문세족을 견제하고자 했다.

과거 시험에는 주로 하급 관리나 지방 향리의 자제들이 응시했다. 특히 지방 향리의 자제들은 지방에서 벗어나 중앙으로 진출할 수 있는 유일한 방법이 과거이기에 유학 공부에 매진할 수밖에 없었다. 이에 공민왕은 국립 대학인 성균관의 중요성을 부각하고 과거를 통해 발탁한 인재들을 전문적으로 교육시켜 정치에 투입했다.

그 대표적 인물이 이색·정몽주·정도전·김구용·박의중·이존오 등으로, 모두 성균관에서 공부하며 학식과 정치적 소양을 쌓은 실력자들이었다. 이들은 탁월한 유학 지식을 바탕으로 유학 논리에 맞게 정치를 개혁하여 새로운 정치 문화를 만들고자 했다. 이 사람들을 새롭게 정계에 진출한 관리라는 의미에서 '신진 사대부'라고 부른다.

신진 사대부와 권문세족의 대립

신진 사대부는 유학을 공부하며 올바른 정치, 바람직한 왕과 백성의 관계 등 정치에 관한 모든 것을 배웠다. 유학에 능통한 신진 사대부에게 있어 관리가 갖추어야 할 소중한 덕목은 왕에 대한 충성, 청렴결백, 유학 지식 등이었다.

신진 사대부들의 이 같은 생각에 정면으로 반하는 사람들이 다름 아닌 권문세족이다. 권문세족은 실력보다는 몽골을 등에 업고 관직에 오르고 권력과 부를 축적했다. 게다가 불법을 저질러 넓은 땅을 소유했고, 그 피해는 신진 사대부가 보았다. 본디 관직에 오른 사람들에게는 땅을 지급해야 했지만 권문세족이 워낙 방대한 땅을 소유하고 있어 새롭게 관리가 된 신진 사대부에게 나누어 줄 땅이 부족했다. 사정이 이렇다 보니 권문세족과 신진 사대부는 사사건건 부딪치고 앙숙이 되어 갔다.

권문세족이 소유하고 있는 땅을 몰수하여 신진 사대부에게 지급하면 문제가 해결될 수 있으나 이 일은 말처럼 쉽지 않았다. 권문세족은 고려 최고의 지배층이고 신진 사대부가 상대하기에는 벅찬 상대였다. 권문세족을 몰아내지 않고는 원하는 정치를 펼칠 수 없다는 점을 잘 알고 있는 신진 사대부는 힘의 불균형에도 그들을 공격할 기회를 엿보고 있었다.

신흥 무인 세력의 등장

몽골의 힘이 약해지고 잃어버렸던 땅을 되찾아 오는 등 몽골의 간섭에서 벗어나 고려가 독립을 준비할 상황이 여물어 가던 시기, 고려에는 또 다른 이민족 침략이라는 위기가 닥쳤다. 북쪽에서는 홍건적이 쳐들어오고 남쪽에서는 왜구가 노략질과 약탈을 일삼은 것이다. 특히 홍건적과 왜구의 침략이 극에 달했을 때 공민왕이 세상을 떠나면서 리더십이 무너지자, 권문세족의 득세가 이어지고 백성들의 생활은 더욱더 궁핍해져 갔다.

이때 이전의 무신들과는 다른 무인 세력이 등장했다. 그들은 강력한 군사력을 바탕으로 외적의 침입을 물리쳐 백성들의 생활을 지켜 주고 나라를 위기에서 구해 냈다. 이런 활약으로 무인 세력은 백성들에게 인기를 얻었을 뿐만 아니라 무신으로서의 리더십과 군사적 능력을 인정받으며 고려의 새로운 핵심 세력으로 떠

올랐다. 이 신흥 무인 세력의 상징적인 인물이 최영과 이성계다.

문무를 겸비한 최고 권력자 최영

최영은 대대로 유명한 학자와 관리를 많이 배출한 문신 집안 출신이다. 하지만 태어날 때부터 기골이 장대하고 풍채가 늠름한 최영은 병서를 읽고 무예를 익혀 무인이 되었다. "황금 보기를 돌같이 하라"라는 아버지의 가르침을 가슴에 새기고 평생을 살았다고 전해진다.

여러 차례 왜구를 토벌하며 능력을 인정받은 최영은 공민왕 집권기부터 큰 공을 세우면서 명성을 떨치기 시작했다. 공민왕이 집권한 해 공민왕의 정책에 반대하여 일어난 조일신의 난을 진압했고 후에 홍건적의 토벌에도 나섰다. 특히 공민왕의 명을 받아 쌍성총관부 공격의 선봉장이 되어 몽골에게 빼앗긴 땅을 되찾아 오는 공을 세웠는데, 이때 최영을 도와 전쟁에 나선 인물이 이성계다.

고려에게 땅을 빼앗긴 몽골은 공민왕을 왕의 자리에서 내쫓겠다며 군대를 일으켜 고려에 침략했다. 그러나 최영이 침략을 막아 내면서 몽골의 계획은 성공하지 못했다. 이후에도 최영은 홍건적과 왜구를 물리치며 공을 세웠지만 신돈에 의해 한때 관직에서 밀려났다. 공민왕을 도와 개혁 정치를 펼친 신돈은 백성에게 큰 인기를 얻으며 급성장한 무인 세력을 견제했고, 대표 인물인 최영을 몰아내려 한 것이다. 하지만 신돈이 물러난 뒤 최영은 다시 관직을 받고 활약하게 되었다.

최영은 제주도에서 일어난 목호의 난을 진압했으며, 남부 지방까지 침략해 온 왜구를 물리쳤다. 최영에게 참패한 왜구는 힘을 키워 고려의 수도 개경 근처까지 쳐들어왔는데, 역시 최영이 나서서 이성계 등과 힘을 모아 왜구를 몰아냈다. 이로써 최영은 공신으로 인정받게 되었다.

공민왕이 물러난 뒤에도 최영은 고위 관직에 머물면서 정치와 군사를 이끌었다. 그러던 중 불법으로 땅과 재산을 축적한 염흥방이 거짓으로 역모를 고발한 사건이 일어났다. 우왕〔최영의 서녀(첩의 딸)가 우왕의 후궁이었기에 둘은 장인과 사위 관계였다〕은 이 사건을 처리하던 중 염흥방을 비롯하여 부정한 방법으로 재산을 모은 권문세족을 처벌하기로 결심하고 최영과 이성계에게 그 일을 맡겼다.

결국 최영과 이성계의 활약으로 염흥방 등 권문세족이 제거되고 고위 관직자 상당수가 자리에서 쫓겨났다. 이에 우왕은 최영을 문하시중 자리에 앉혔는데, 문하시중은 지금의 국무총리와 같은 자리로 왕을 도와 정치를 담당하는 사실상 최고의 관직이다.

문하시중이 된 최영은 문무를 겸비한 최고 권력자로 인정받았고 그 힘은 지속될 것처럼 보였다. 하지만 중국에 새롭게 세워진 명나라와의 사이가 악화되면서 그 해결책을 두고 이성계와 갈등을 빚으면서 위기를 맞았다.

새롭게 떠오른 실력자 이성계

이성계는 변방에서 활약한 무인 집안 출신으로, 고려의 정치를 주도한 최영 집안과는 비교가 안 될 정도로 하찮은 가문 태생이다. 이성계의 고조할아버지 이안사는 원래 전주 지방의 향리였으나 몽골의 지배를 받는 북쪽의 쌍성총관부 지역으로 이주해 생활했다.

한편 몽골에게 빼앗긴 쌍성총관부를 되찾고자 한 공민왕은 유인우라는 관리를 쌍성총관부로 파견했다. 이때 쌍성총관부에 대해 아는 바가 적은 유인우에게 쌍성총관부의 특징을 알려 주고 그 땅을 되찾을 수 있도록 도운 사람이 이성계의 아버지 이자춘이다.

당시 20대이던 이성계는 아버지 이자춘을 도와 몽골에 맞서 싸우면서 이름을 알리기 시작했다. 이성계는 특히 활을 잘 쏘았으며 쌍성총관부 지역에 살면서 익힌 무예를 바탕으로 고려인뿐 아니라 여진족까지 부하로 거느리며 장군으로서의 자질을 유감없이 발휘했다.

쌍성총관부 공격으로 유명해진 이성계는 이후 수도 개경으로 진출하여 활동했고, 뛰어난 무예와 리더십을 인정받으며 두각을 나타냈다. 당시는 몽골족과의 싸움뿐만 아니라 북쪽의 홍건적, 남쪽의 왜구가 끊임없이 공격하던 때라 이성계 같은 무인들은 능력을 발휘할 기회가 많았다.

이성계는 전투마다 승승장구하며 능력을 인정받고 단숨에 고려를 대표하는 무인으로 자리 잡았다. 최영과 함께 홍건적을 물리친 전투와 내륙으로 침략한 왜구를 섬멸한 황산 대첩은 이성계의 명성을 한층 높여 주었다. 20여 년 동안 북쪽과 남쪽을 오가며 모든 전투에서 승리한 이성계는 '불패의 사나이', '난세를 구원할 영웅'으로 불렸다.

이렇게 잘나가는 이성계지만 늘 최영보다는 뒤처지는 존재로 인식되었다. 그 이유는 우선 출신 집안 때문이다. 이성계가 변방의 하찮은 관리 집안 출신인 반면 최영은 대대로 학자를 배출하고 중앙에서 정치 주도권을 잡고 있는 권문세족 출신이었기에, 둘을 견주는 것 자체가 의미 없을 정도로 최영의 존재는 빛났다.

또한 최영의 경력과 연륜을 이성계가 따라잡을 수는 없었다. 최영이 이성계보다 손위에 경력이 많다 보니 이성계가 아무리 뛰어나다 한들 과거의 경력까지 바꿀 수는 없는 노릇이었다. 게다가 최영과 이성계가 함께 전투에 나갈 때면 전쟁의 공은 지위가 높은 최영에게 더 많이 돌아갔다. 이성계에게 최영은 넘기 힘든 산과 같은 존재였다.

이처럼 최영과 이성계는 무인으로서 선후배이자 라이벌 관계를 형성하면서 공을 세웠고 백성들 사이에서 큰 인기를 누렸다. 그렇지만 두 사람은 전혀 다른 집안 출신에 전혀 다른 배경을 갖고 있어 의견 대립이 잦고 추구하는 바 역시 달랐다.

신흥 무인 세력과 신진 사대부의 결탁

고려 말기의 혼란한 정세 속에서 급부상한 신흥 무인 세력이었지만 이들이 모두 같은 뜻을 품은 것은 아니다. 최영처럼 권문세족 집안 출신 무인은 출세에 지장이 없는 한편, 이성계처럼 지방 하급 관리 집안 출신 무인은 성공하는 데 한계가 있었다. 무인 중에는 바로 이 한계 때문에 권문세족이 집권하고 있는 세상을 바꾸고 싶어 하는 사람들이 있었다.

신흥 무인 세력의 이러한 욕구는 신진 사대부의 희망과 일치했다. 신진 사대부 역시 권문세족만이 온갖 혜택을 누리는 세상이 달라져야 자신들이 주도하는 정치를 할 수 있었기 때문이다. 이에 일부 신진 사대부는 신흥 무인 세력과 손잡고 고려를 바꾸어 보려 시도했고, 그들의 영향력은 의외로 컸다. 신진 사대부의 정치 이념과 신흥 무인 세력의 활동성이 만나자 문무를 겸비한 지배 계층의 형성이 가능했던 것이다.

이렇게 만들어진 신진 사대부와 신흥 무인 세력의 연합은 고려 사회를 변화시키는 데에 힘을 쏟았다. 비록 권문세족의 권세에 눌려 곧바로 힘을 드러내지는 못했지만, 그들은 서서히 힘을 키우면서 권문세족에 맞설 기회를 노렸다. 그리고 그 기회는 생각보다 빨리 찾아왔다.

최무선과 화약

고려 말기에 왜구를 물리치는 데 큰 공을 세운 무인 중 한 명이 최무선이다. 최무선은 어릴 때 아버지를 따라 궁에 갔다가 몽골족과 중국인이 하는 불꽃놀이를 보고 화약에 관심을 갖게 되었다. 이후 최무선은 병법을 연구하고 화약과 관련된 무기 개발을 위해 노력했다.

연구를 거듭한 끝에 최무선은 화약을 만들려면 초석(염초), 유황, 분탄이 있어야 한다는 사실과 그중에서 초석을 구하기가 어렵다는 사실을 알게 되었다. 따라서 개인적으로 화약을 제조하기 힘들다고 깨달은 최무선은 여러 차례 건의한 끝에 화약 만드는 관청인 화통도감을 설치하는 데 성공했다. 이곳에서 최무선은 화약뿐만 아니라 신기전, 화차 같은 무기를 발명했다.

최무선은 대규모 왜구 소탕 작전에 성공을 거두었는데 대표적인 전투가 진포 대첩과 관음포 전투다. 특히 진포 대첩에서는 화약과 화포 덕분에 왜구의 배 500척을 몽땅 불살라 진압할 수 있었다. 관음포 전투 이후에는 쓰시마를 정벌하여 끌려갔던 고려인 포로들을 구출했다.

하지만 조선이 세워지고 상대적으로 왜구의 침략이 뜸해지면서 최무선의 연구와 화포 사용은 더 이상 중요시되지 않아 화통도감마저 폐지되었다. 이에 최무선은 실망했지만 자신이 알고 있는 기술과 발명에 대한 노하우를 기록으로 남겨 아들에게 물려주었다.

조선 태종 때 최무선이 이룬 업적은 다시금 인정되어 그 아들이 높은 관직에 오르면서 최무선의 기술은 조선 시대의 화기 발달로 이어졌다.

이성계는
왜 위화도에서
군대를 되돌렸을까?

고려 말기에 성장한 신진 사대부와 신흥 무인 세력 중에는 고려를 무너뜨리고 새로운 나라를 세우자고 주장하는 사람들이 있었다. 문제는 누가 중심이 되어 어떻게 나라를 세울 것인가 하는 것이었다. 그때 누구도 예상하지 못한 위화도 회군이 발생하면서 새로운 나라 건국을 향한 발걸음을 떼게 되었다.

온건파와 급진파의 서로 다른 주장

고려 말 권문세족의 횡포에 반발하며 새로운 정치를 시도한 신진 사대부는 좀 더 나은 사회를 만들기 위해 노력했다. 그러나 새로운 사회를 만드는 방법을 두고 의견이 둘로 갈라졌다.

먼저 온건파 신진 사대부는, 고려 왕조는 그대로 둔 채 권문세족을 몰아내고 올바른 정치를 하여 고려를 새롭게 하자고 주장했다. 온건파는 정치가 엉망이 되고 백성의 생활이 곤궁해진 이유는 권문세족이 권력을 잡고 불법으로 땅을 소유하고 있기 때문이니 그들만 없어지면 고려는 다시 살기 좋은 나라가 될 것이라는 주장을 펼쳤다. 그리고 유학을 공부한 자신들이 정치를 주도하면 고려는 유교를 중심으로 통치하는 국가가 될 수 있을 것이라고 생각했다. 정몽주와 이색으로 대표되는 온건파 신진 사대부는 고려 사회의 모순을 급격하고 빠르게 바꾸기보다 천천히 시간을 들여 바꾸어 가야 한다고 믿었다.

반면 급진파 신진 사대부는 고려를 이끌고 있는 왕조가 제 역할을 못 하여 정치도 사회도 엉망이 된 것이니 좋은 나라를 만들려면 일단 새 왕조가 들어서야 한다고 주장했다. 권문세족이 물러난다고 한들 새로운 나라가 되기에는 한계가 있으므로 새 왕조를 세운 후 유학을 중심으로 정치를 이끌어 나가는 나라를 만들자는 것이 이들의 생각이었다. 정도전과 조준으로 대표되는 급진파 신진 사대부는 사회의 변화나 개혁은 빠르고 급진적일수록 좋다고 판단했다.

이처럼 생각은 다를지언정 우선 권문세족을 몰아내고 정권을 잡는 것이 중요했기에 급진파와 온건파 신진 사대부는 힘을 합쳐 권문세족으로부터 땅과 관직을 빼앗았다. 그러나 새로운 나라를 만드는 방법을 두고 의견이 합치되지 않으면서 급진파와 온건파는 조금씩 멀어지게 되었다.

최영과 이성계의 대립

신진 사대부가 등장하면서 정치가 새로운 국면을 맞고 있을 때 국제 정세에 변화가 생겼다. 중국에서 원나라가 몰락하고 명나라가 세워진 것이다. 명나라를 세운 인물은 중국의 정통 혈통인 한족 출신 주원장이다. 주원장은 농민 반란을 주도하며 원나라에 반기를 들었다가 명나라를 건국하고 왕의 자리에 오른 사람이다.

처음에는 명나라의 힘이 그리 세지 않았으나 많은 한족의 지지와 더불어 몽골족이 약화하자 상대적으로 강해졌다. 이에 명나라는 중국의 정통 국가는 원나라가 아닌 자신들이라는 사실을 주변 나라에 알리기 시작했다. 급기야 명나라가 중국 대륙 전체를 차지했고, 원나라는 원래 몽골족이 살던 북쪽 초원 지대로 쫓겨났다.

원나라가 쇠약해진 게 고려로서는 반가운 일이 아닐 수 없었다. 더 이상 몽골의 간섭에 시달리지 않아도 될뿐더러 몽골의 힘을 믿고 정치를 하던 권문세족도 약화될 것이기 때문이다. 그런데 명나라가 주변 나라들과의 관계와 질서를 재정립하는 과정에서 문제가 생겼다. 명나라는 자신이 중국의 정통을 이어받은 국가인 만큼 다른 나라들이 자신을 섬겨야 한다고 생각했다. 그리고 고려에게는 명나라를 섬길 것과 더불어 땅을 요구했다.

명나라가 요구한 땅은 쌍성총관부가 설치된 철령 이북 지방인데, 이 땅은 공민왕 때 몽골과의 전쟁에서 승리하여 되찾아온 곳이었다. 명나라는 몽골이 차지하고 있던 땅이므로 중국의 땅이나 마찬가지이니 원래 주인인 자신들에게 돌려주는 게 마땅하다며 내놓으라고 한 것이다.

고려의 입장에서는 명나라의 요구가 어처구니없고 황당했다. 쌍성총관부는 몽골족이 불법으로 설치한 것이고 이를 몰아내기 위해 몽골족과 싸워 획득한 땅이 철령 이북 지역이다. 그런데 아무 관계도 없는 명나라가 그 땅을 내놓으라고 하니 기가 막힐 노릇이었다. 이에 고려 조정에서는 명나라의 요구에 어떻게 대응할 것인지 논의에 들어갔는데 의견이 갈렸다.

최영과 당시 고려의 왕 우왕은 명나라의 요구에 반발하며 고려의 힘을 보여 주자고 주장했다. 명나라는 아직 나라의 질서가 잡히지 않았으니 이 혼란을 틈타 중국 땅인 요동을 정벌하자고 한 것이다. 요동을 정벌하여 고려의 힘을 보여 주면 명나라가 땅을 내놓으라는 어이없는 요구는 하지 않을 것이며, 나아가 다시는 고려를 얕잡아 보지 못할 것이라는 게 최영과 우왕의 생각이었다.

하지만 이성계의 생각은 달랐다. 명나라가 땅을 요구한 것은 당연히 화가 나지만 감정적으로 나섰다가 잘못되면 오히려 더 큰 낭패를 볼 수 있다고 주장했다. 더욱이 앞으로의 정세를 생각하면 중국의 정통 한족이 세운 명나라와 사이가 나빠져서 좋을 게 없다고 여겼다. 또한 요동 땅을 정벌할 수 없는 이유 네 가지, 즉 사불가론을 주장했다.

첫 번째는 여름철에 군대를 동원하는 것은 무리라는 것이다. 백성 대부분이 농사를 짓는데 농번기인 여름철에 군대에 동원할 경우, 농사를 망치는 것은 당연하고 전쟁에 전념할 수 없으니 이는 옳지 못하다는 주장이다.

두 번째는 곧 장마가 시작되므로 요동 공격은 무리라는 것이다. 장마철에는 습기가 많아 아교가 녹아 활이 느슨해지는 일이 종종 발생한다. 그런데 고려의 주력 부대가 활을 쏘는 부대다 보니 장마철에 전쟁을 해서는 이기기 힘들다는 주장이다. 게다가 전염병이 많이 도는 장마철에 행여 군사들이 병에 걸린다면 싸워 보지도 못하고 군사를 잃을 위험이 있다고 했다.

세 번째는 고려의 주력 부대가 요동을 공격하는 동안 남쪽의 왜구가 쳐들어올 가능성이 있으므로 요동 정벌은 무리라는 것이다. 당시 고려는 끊임없이 외적의 침략에 시달리고 있었다. 다행히 명나라가 세워지면서 홍건적의 출현은 뜸해졌지만 왜구의 침략은 여전했다. 이런 상황에서 쉽지 않은 전쟁인 요동 정벌에 주력 부대가 투입되고 전쟁이 길어질 경우, 남쪽의 왜구가 침략하면 고려는 북쪽과 남쪽 모두에서 외적을 막지 못하는 어려움을 겪을 수 있다는 주장이다.

네 번째는 작은 나라가 큰 나라를 거스르는 것은 옳지 못하다는 것이다. 비록 명나라의 요구가 당황스럽기는 하나 작은 나라가 큰 나라에 대항하는 것은 예의에 어긋나며, 그 과정에서 의도한 결과를 얻지 못한다면 고려는 오히려 나라를 잃어버릴 큰 위기를 맞을 수 있다는 주장이다.

이처럼 이성계는 현실적인 판단과 장군으로서의 경험을 살려 요동 정벌이 어렵다는 뜻을 조정에 전달했다. 그러나 강직하고 융통성 없기로 유명한 최영, 최영과 각별한 사이인 우왕이 이성계의 주장을 들어줄 리 없었다. 결국 고려는 요동 정벌에 나서기로 결정했고 이성계가 총책임자가 되었다.

위화도 회군

이성계는 최영과 우왕의 명에 따라 장군 조민수와 함께 요동

정벌을 위해 길을 떠났다. 요동 지방으로 가려면 압록강을 건너 중국 땅으로 들어가야 하는데, 군대가 압록강 어귀에 있는 작은 섬 위화도에 도착했을 때 큰비가 쏟아지기 시작했다. 압록강은 워낙에 큰 강이어서 비가 내리자, 금세 물이 불어 강을 건너려는 군사들이 떠내려갔다.

　요동 정벌이 무리라고 주장한 이성계는 비가 내리며 우려한 문제들이 현실로 닥치자, 더 이상 군대를 진격시키는 것이 무리라고 판단했다. 문제는 요동 정벌이 왕의 명령이며 왕의 명령을 어기는 것은 반역이기에 결정을 내리기가 어려웠다. 하지만 이성 계는 이를 기회라고 생각하고 함께 간 장군 조민수를 설득하여 군대를 돌리기로 결정했다. 이 사건을 위화도에서 군대를 돌렸다 하여 '위화도 회군'이라고 한다.

왕의 명령을 어긴 이상 선택의 여지가 없는 이성계는 군대를 이끌고 곧바로 개경으로 가서 쿠데타를 일으켜 우왕과 최영을 사로잡는 데 성공했다. 최영은 군대를 이끌고 이성계에 맞섰으나 요동 정벌을 위해 군사 대부분을 이성계에게 내어 준 상태라 이 성계를 이기기에는 역부족이었다.

새로운 나라 조선의 건국

쿠데타에 성공한 이성계는 우왕을 쫓아내고 그의 아들 창왕 을 왕의 자리에 앉혔으며 최영은 귀양 보냈다가 참형에 처했다. 이제 고려의 정치는 이성계에 의해 움직였고 신진 사대부들까지 이성계를 지지했다. 문제는 이성계가 왕의 자리에 오르느냐 마느 냐 하는 것이었는데 이를 두고 신진 사대부는 또다시 의견이 나 뉘었다.

급진파 신진 사대부는 이성계를 왕으로 삼고 새로운 나라를 세우자고 주장했으나, 온건파 신진 사대부는 이성계가 왕이 되는 것에도 고려를 무너뜨리고 새로운 나라를 세우는 것에도 반대했다. 특히 온건파 신진 사대부의 대표 정몽주는 뛰어난 학식과 모범적인 생활로 많은 사람의 신망을 받고 있었는데, 정몽주가 이성계의 왕위 등극에 반대하자 많은 신진 사대부가 그에 따랐다.

이성계의 아들 이방원은 정몽주의 마음을 돌려 보려 애썼지만 정몽주는 뜻을 굽히지 않았다. 결국 이방원은 정몽주를 선죽교로 불러내 죽이고 말았다. 정몽주가 죽임을 당하니 온건파 신진 사대부의 기세는 꺾이고, 일부는 자신들도 죽임을 당할까 봐 지방으로 도망가 은둔하며 지냈다.

이성계가 왕이 되는 데에 반대하던 대표자가 사라지자 정치는 급진파 신진 사대부의 손에 들어갔다. 특히 정도전이 중심이 되어 이성계를 왕으로 세우기 위한 작업에 착수했다. 이때 창왕은 쫓겨나고 공양왕이 집권하고 있었으나, 공양왕은 이성계와 신진 사대부가 내세운 허수아비나 다름없었다. 얼마 지나지 않아 공양왕은 왕의 자리를 이성계에게 내어 주었고 왕위를 이어받은 이성계는 새 왕조 조선을 세웠다.

이로써 왕건이 건국하여 500년 가까이 이어진 고려는 멸망하고 이성계에 의해 조선이 건국되었다.

〈하여가〉와 〈단심가〉

이방원은 정몽주를 죽이기 전 그의 마음을 돌려 보려 정몽주에게 〈하여가〉를 보냈다. 그 내용은 다음과 같다.

　이런들 어떠하리 저런들 어떠하리
　만수산 드렁 칡이 얽혀진들 어떠하리
　우리도 이처럼 하여 백 년까지 누리리라

고려 후기 학자이자 문신 정몽주. 시문에 뛰어나 많은 한시가 전해지며 사절로서 왜에 건너가 잡혀가 있는 고려인 수백 명을 고려로 돌아오게 하는 등 외교가로서도 활약했다(그림 22).

정몽주가 죽임을 당한 선죽교. 정몽주는 이성계를 문병하고 돌아가다 이방원 부하의 손에 최후를 맞았다. 본디 이름은 선지교이나 정몽주가 죽은 날 밤 다리 옆에서 참대가 나와서 선죽교가 되었다고 한다(그림 23).

　이방원은 오랜 시간 함께 정치를 하자며 정몽주를 회유하려 한 것이다. 이에 정몽주는 〈단심가〉를 보내 화답했다.

　　　이 몸이 죽고 죽어 일백 번 고쳐 죽어

　　　백골이 진토 되어 넋이라도 있고 없고

　　　임 향한 일편단심이야 가실 줄이 있으랴

　정몽주는 아무리 설득한다고 해도 고려에 충성을 다하고자 하는 자신의 마음이 변하지 않음을 시를 통해 보여 주었다. 이방원은 정몽주의 마음을 돌리기 어렵다는 것을 깨닫고 설득하는 대신 죽이기로 결심했다.

원나라가 저물고 명나라가 세워지다

몽골족이 세운 원나라는 송나라를 멸망시키고 중국 대륙을 차지했다. 이 원나라는 100년도 안 되어 쇠했는데 전 세계를 누비며 강성하던 몽골족이 약해진 이유 중 하나는 정리되지 않은 왕위 계승 문제다.

몽골족은 맏아들이 왕위를 계승하는 것이 아니라 부족 회의를 통해 차기 왕을 결정하는 방식을 따랐는데, 그 때문에 왕이 바뀔 때마다 혼란이 빚어졌고 원나라 말기에는 13년 동안 왕이 무려 일곱 명이나 교체되었다.

또한 원나라는 통치 기간 내내 원래 중국에 살고 있는 한족을 무시하여 자주 반발에 부딪혔다. 또한 통치 말기 화폐인 교초의 남발로 물가가 상승하며 백성들의 삶이 도탄에 빠지자 통치 체제는 손쓸 틈 없이 무너졌다. 더욱이 농민들을 중심으로 반원 봉기가 확산되어 이윽고 원나라는 물러나고 새로운 왕조인 명나라가 건국되었다.

명나라를 세운 인물 주원장은 중국 역사상 황제에 오른 인물

중 가장 신분이 미천한 것으로 알려져 있다. 주원장은 소작농 집안 출신으로 매일 끼니를 걱정해야 할 정도로 가난했다고 한다. 원나라 말기 주원장은 먹고살기 위해 절에 들어가 스님이 되었으나, 절에도 먹을 것이 부족하여 3년간 시주를 하며 탁발승으로 살았다.

당시 중국에서는 원나라에 반발하는 농민 봉기가 여기저기에서 일어났는데, 주원장이 기거하는 절이 있는 지역에서도 봉기가 시작되었다. 봉기에 가담한 농민들은 주로 '백련교'라는 새로운 불교에 의지하고 있었고, 백련교도들은 붉은색 두건을 머리에 두르고 있어서 '홍건적'이라고 불렸다. 주원장은 농민 봉기에 가담하고 그 지역 홍건적 대장 곽자흥의 부대에 들어가 원나라에 대항했다.

처음 곽자흥의 부대에 들어갔을 때 주원장은 험상궂은 외모 때문에 간첩으로 의심받았다. 치켜 올라간 눈, 주걱턱, 주먹코를 갖고 있어 호감을 살 만한 외모가 아니었던 것이다. 하지만 두둑한 담력과 배짱, 호방한 성격을 지닌 주원장은 재물에 욕심이 없어 전리품이 생기면 윗사람에게 바치거나 부하들에게 나누어 주었다. 이런 인물 됨됨이가 마음에 든 곽자흥은 주원장을 중용하고 자신의 양딸과 혼인까지 시켰다. 이렇게 곽자흥 부대의 주요 인물이 된 주원장은 참여하는 전투마다 승리하며 유명 인사가 되었다.

농민 봉기가 전국으로 확대되고 원나라의 기세가 꺾였다고
는 하나 유라시아 대륙을 호령하던 몽골 부대가 농민들에게 당
할 정도는 아니었다. 치열한 전투가 이어졌고 전투 도중 곽자흥
이 전사했다. 그리고 뒤이어 곽자흥의 장남이 전사하고 차남은
누명을 쓰고 처형당하는 바람에 곽자흥 부대는 사위인 주원장이
이끌게 되었다.

그즈음 중국 땅에는 크게 네 개의 세력이 공존하고 있었다. 북
쪽에는 원나라가 자리 잡고 있고, 남쪽에는 세 개의 반원 세력이
있었다. 주원장, 진우량, 장사성이 각각 땅을 나누어 갖고 원나라
에 대항함과 동시에 반원 세력 전체의 지도자가 되기 위해 각축
전을 벌인 것이다. 이들 가운데 주원장이 전력 면에서 가장 약했
다. 진우량은 강력한 군사력을, 장사성은 풍요로운 땅을 갖고 있
어 경제적으로 넉넉했다.

그러나 많은 인재를 거느리고 있고 전략 면에서 앞선 주원장은
먼저 진우량을 제압한 뒤 장사성과의 전투에서 승리하면서 중국
한족의 유일한 지도자가 되었다. 마침내 주원장은 1368년 명나
라를 세웠고, 같은 해 원나라의 수도 대도(지금의 베이징)를 점령
하여 원나라를 북쪽으로 내쫓았다. 중국 땅의 주인이 원나라에
서 명나라로 교체되는 순간이었다.

삼국 시대가 왕권이 확립되고 나라의 기틀을 마련한 시기라면, 남북국 시대부터 고려 시대까지는 민족 문화가 발달하고 다른 민족과의 교류를 통해 우리 민족 고유의 성격이 확립된 시기라고 할 수 있다. 또한 정치적으로는 왕권이 강화됨과 동시에 지방 세력이 성장하면서 중앙의 왕과 지방의 독자적 세력의 갈등, 지배층 간 권력 다툼이 이어지는 시기이기도 하다.

이러한 다툼이 빈번하게 발생하다 보니 이 시기의 역사는 싸움이 끊이지 않는 것처럼 보인다. 하지만 그 갈등은 삼국 시대의 삼국 간 대결과는 다르다. 삼국 시대의 전쟁이 분열된 민족의 통일을 위해 다른 나라를 제치고 앞서가기 위한 주도권 싸움이었다면, 남북국 시대부터 고려 시대까지의 갈등은 각 세력이 자신이 추구하는 이상적인 사회를 만들기 위한 다툼이라고 할 수 있다.

그리고 변화 과정에서 사회는 이전보다 차별이 줄어들고 개방적인 모습으로 발전해 갔다. 신라가 안고 있던 모순인 골품제는 고려가 성립하며 사라졌고 과거제가 시행되면서 좀 더 많은 사람이 관직에 오를 수 있는 기회를 얻었다.

또한 고려는 끊임없는 외적의 침략 속에서도 민족의 자긍심을 바탕으로 단합된 힘을 보여 주며 나라를 굳건히 지켜 냈다. 중국의 송나라가 거란과 여진에게 땅을 뺏겨 반토막이 나고 몽골에게 멸망당한 사실과 비교해 볼 때, 고려가 망하지 않고 영토의 손실 없이 나라를 지켜 낸 것은 참으로 놀라운 일이 아닐 수 없다.

이러한 발전과 나라의 존립이 가능했던 이유는 삼국 통일과 고려 왕조의 성립 과정에서 민족의 힘이 흩어지지 않고 하나로 응집했기 때문이다. 만약 우리나라가 삼국 시대처럼 여전히 분열되어 있었다면 사회 발전을 이루지 못했을 것이며, 이민족의 침략도 막아 내지 못했을 것이다. 그만큼 통일된 왕조를 바탕으로 한 민족의 단결은 역사 발전에 중요한 요소가 되었다.

현재 우리나라는 남북한으로 나뉜 분단된 상황에 놓여 있다. 이에 대해 어떤 사람은 통일이 어렵다고도 하고, 또 어떤 사람은 통일이 민족 발전에 도움이 안 된다고도 한다. 하지만 역사는, 과정은 힘들지라도 통일을 이룬 후의 발전이 그 이전의 발전과는 질적으로 다르다는 것을 여실히 보여 주고 있다. 민족의 발전을 위해서는 통일이 반드시 필요하다는 사실을 우리에게 알려 주고 있다.

세계적인 석학 유발 하라리는 역사를 학습하는 이유는 과거와 같은 과오를 겪지 않기 위해서라고 설명했다. 삼국으로 분열되었던 시기 신라는 통일을 위해 중국의 당나라를 끌어들였고 그 결과 삼국을 통일하는 데에는 성공했으나, 고구려 땅 대부분을 빼앗기고 당나라와 또다시 싸워야 하는 어려움을 경험했다. 반면 고려는 세계 최강 몽골에 맞서 나라를 지켜 냈고 몽골을 몰아내는 과정에서 잃어버렸던 땅을 되찾고 오히려 영토를 확장하는 데 성공했다. 바로 이것이 분열된 나라와 통일된 나라의 차이점이다.

역사는 이미 지나간 과거의 사실이지만 오늘을 살고 있는 우리에게 해답을 제시하고 있다. 역사를 공부하며 이러한 해답과 교훈을 놓치지 않았으면 하는 바람을 가져 본다.

그림 목록

재밌어서 밤새 읽는
한국사 이야기 2

1판 1쇄 발행 2022년 8월 19일
1판 3쇄 발행 2023년 10월 6일

지은이 박은화

발행인 김기중
주간 신선영
편집 민성원, 백수연
마케팅 김신정, 김보미
경영지원 홍운선
펴낸곳 도서출판 더숲
주소 서울시 마포구 동교로 43-1 (04018)
전화 02-3141-8301
팩스 02-3141-8303
이메일 info@theforestbook.co.kr
페이스북 · 인스타그램 @theforestbook
출판신고 2009년 3월 30일 제2009-000062호

ⓒ 박은화, 2022

ISBN 979-11-92444-14-7 04910
      979-11-92444-12-3(세트)

부모님들과 선생님들의 변함없는 선택!
가장 재미있는 청소년 학습 필독서

<재밌어서 밤새 읽는> 시리즈

<재밌밤> 시리즈는 계속됩니다

미래창조과학부인증 우수과학도서, 한우리독서올림피아드 추천도서, 한국과학창의재단 우수과학도서, 2020년 청소년 북토큰 선정 도서, 학교도서관저널 추천도서, 한우리열린교육 추천도서, 경기중앙교육도서관 추천도서, 한국출판문화산업진흥원 청소년 권장도서, 서울시교육청도서관 추천도서, 정독도서관 청소년 추천도서, 행복한아침독서 추천도서, 김포시립도서관 청소년 권장도서, 경상남도교육청 김해도서관 사서 추천도서, 하루10분독서운동 추천도서 외 다수 선정